——新课程背景下教师必备基本功

新课程背景下

教学方法

XINKECHENG

BEIJINGXIA

JIAOXUEFANGFA

DEYUNYONG

的运用

李宁 王丽◎编著

吉林文史出版社

图书在版编目(CIP)数据

新课程背景下教学方法的运用／李宁,王丽编著.
——长春:吉林文史出版社, 2012. 11 (2021.6重印)
(新课程背景下教师必备基本功系列)
ISBN 978 - 7 - 5472 - 1288 - 2

Ⅰ. ①新… Ⅱ. ①李… ②王… Ⅲ. ①中小学 - 计算
法 Ⅳ. ①G632.4

中国版本图书馆 CIP 数据核字 (2012) 第 263577 号

新课程背景下教师必备基本功系列

新课程背景下教学方法的运用

XINKECHENGBEIJINGXIA JIAOXUE FANGFA DE YUNYONG

编著／李宁　王丽
责任编辑／高冰若
封面设计／小徐书装
出版发行／吉林文史出版社
地址／长春市福祉大路5788号
邮编／130118
网址／www. jlws. com. cn
印刷／三河市燕春印务有限公司
开本／710mm×1000mm　1/16
印张／14　字数／150 千字
版次／2013 年 1 月第 1 版　2021年 6 月第 3 次印刷
书号／ISBN 978 - 7 - 5472 - 1288 - 2
定价／39.80 元

前　言

随着时代的变革和社会的发展，教育作为培养人的社会实践活动，也必然要像经济、政治和文化一样经历深层次的内在革新。2001 年《基础教育课程改革纲要》的颁布，标志着基础教育理念、教育思想和教育方法的历史性变革。2010 年《国家中长期教育改革与发展纲要》进一步指出，要把教育摆在优先发展的战略地位，把改革创新作为教育发展的强大动力，创新人才培养体制，改革教学内容、方法和手段。教学方法是教学的基本要素，直接关系着教学工作的成败。自新课程改革实施以来，新的教学方法层出不穷，名称迥异。面对如此众多的教学方法，作为一线教师，想要准确、全面地把握和运用实属不易。为此，我们编写了这本《新课程背景下教学方法的运用》。本书依据新课程改革所提出的"改变课程实施过于强调接受学习、死记硬背、机械训练的现状，倡导学生主动参与、乐于探究、勤于动手，培养学生搜集和处理信息的能力、获取新知识的能力、分析和解决问题的能力以及交流与合作的能力"的基本要求，在以往教学方法分类的基础上，将新课改背景下中小学常用的且较难操作的教学方法做了详细介绍，以便更好地认识和分析各种教学方法的特点、优势及不足，掌握它们的变化发展规律，为课堂教学服务。

本书在编写过程中力求突出两个特点。其一，应用性。由于本书隶属于"教师继续教育用书"，其读者对象主要是在职中小学教师，他们对新课改已经有了一些认识，也具备了一定的教学实践经验，但在具体教学过程中还欠缺理论与实践的有机结合。有些教师是口号喊得亮，理论学得好，但实际做不到；有些教师甚至是不知道如何去做。本书在编写过程中特别注意到这一点，在对每种方法进行理论说明和介绍后，通过案例、对比等形式进一步分析和指导，以加强读者的感性认识，实现从感性认识上升到理性思考。其二，科学性。科学性是教材编写中最突出、最重要的特征。无论教材的体例、层次结构如何，都要注重科学性。本书在注重体现教材应用性的同时更注意了新课程改革对教学提出的根本要求以及教学方法的本质和内涵，为读者掌握各种方法的基本知识和基本技能提供了前提条件。

本书层次结构清晰，主要包括两大部分。第一部分（第一章）为总述，重点介绍新课程背景下教学方法的特点以及进行科学选择的依据，为深入研究各种具体方法奠定了基础。第二部分（第二章至第十章）为分述，重点介绍了新课程背景下讲授法、问题法、讨论法、案例法、尝试法、情境法、自主学习法、合作学习法、探究学习法的基本理论以及在新课程背景下的具体应用，希望能够为广大教育实践者提供参考和指导。

本书是集体合作的成果，各章具体分工如下：李宁编写第一、二、七、八章，王丽编写第四、六、九章，郭子楹编写第三、五章，潘琰编写第十章，全书由李宁统稿。

本书在编写过程中参阅了国内外同行的许多相关论文和著作，并引用了其中的一些学术观点。同时，本书的编写与出版得到了吉林文史出版社的大力支持，在此一并表示衷心的感谢！

所谓"教学有法，教无定法"，新课程背景下教学方法的运用和实践依然处于不断探索和逐步完善中，由于水平所限，本书在编写过程中难免出现不妥之处，欢迎广大读者和同行专家批评、指正。

李 宁

2012 年 10 月

目 录
contents

第一章 新课程背景下教学方法的变革

新课程改革强调新的教学目标观，即以学生发展为本，在教学目标上突出知识与技能、过程与方法、情感态度与价值观的"三维目标"；强调新的教学过程观，即教学过程是师生交往、共同发展的互动过程；强调新的师生观，即教师不仅是知识传授者，同时也是学生学习的合作者、引导者和参与者。可见，新课程改革彰显了新的教学理念，而新的教学理念又会催生新的教学方式和教学方法。

第一节 新课程背景下教学方法的特点

教学方法是指在教学过程中，教师和学生为实现教学目的、完成教学任务而采取的教与学相互作用的活动方式的总称。教学方法是教学过程的基本要素之一，直接影响着教学工作的成败和教学质量的高低。当前，在新课程改革背景下，教学方法也必然发生重大的变化，呈现出新的特点。

一、突出学生的主体性

新课程改革的具体目标在于改变课程过于注重知识传授的倾向，强调形成积极主动的学习态度，使获得基础知识与基本技能的过程同时成为学会学习和形成正确价值观的过程。新课程改革突出强调以人为本，充分发挥学生的主体性作用。教师应以每位学生的全面发展为本，培养学生学习的能动性、自主性和创造性。这里学生学习的能动性主要是指学生在教学过程中学习的主动性、积极性；自主性主要是指学生在学校环境中学习的选择性、独立性和自觉性；创造性主要是指学生在学习中的独特性、批判性、自由性、生成性、超越性及其有个性特点的意义建构。[1]与传统教学中被动接受式、注入式、灌输式教学相比，新课程理念下的教学方法更注重学生学习主体性的发挥，强调学生在教师指导下积极主动地探究和解决问题，以提高认知能力，形成良好的个性心理品质。

二、突出教学的互动性

教学是师生双边的互动过程，是一种有目的、有计划、有组织的互动活动。传统教学中，很多教师片面理解教学的本质和内涵，认为教学是教师主动、学生被动的单一活动。教师在教学过程中具有绝对权威，"教什么"、"怎么教"都由教师说了算，学生并无发言权和选择权。学生复制教师的知识，模仿教师的本领，导致教学效率低下。

新课程改革一反传统教学的不足，明确指出教学过程是师生交流、积极互动、共同发展的过程。在教学过程中，教师不仅是知识的传授者，同时也是学生发展的促进者和引导者。也就是说在教学过程中，教师要善于利用各种教学方法对学生进行启发和诱导，不仅要使学生掌握知识和技能，同时还要与学生建立民主、平等、和谐的对话关系，通过对话和交往，促进师生的共同进步和发展。正如美国著名后现代主义课程学者小威廉姆·多尔所说："教学是一种生态，教师与学生平等和谐共处于一个生态系统中，既不存在'教师中心'，也不存在'儿童中心'，教师和学生在教学中应建立一种'我—你'对话师生关系。"

三、突出种类的多样性

随着社会和时代的发展，国家对人才素质的要求越来越高。传统教学所倡导的"知识型"、"智能型"单一人才模式已经不能适应现代社会对人才的需求。教学目标的综合化趋势必然要求教学方式和方法的现代化及多样化，如以讲授为主的"传授式"，以问题为主的"问题式"和"讨论式"，以事例为主的"案例式"，

---

[1] 程敬宝. 教学方法的变革与探新[J].教育探索，2007(11)：24.

以体验为主的"尝试式"，以创设环境为主的"情境式"，以自我指导为主的"自主式"，以探索启发为主的"探究式"，以小组协作为主的"合作式"等。（本书将在后续章节中——加以介绍）列宁也曾指出"在方式方法方面的多样化，可以保证生气勃勃地、胜利地达到共同的一致的目标"。在教学领域中也是一样，教师要针对教学对象的差异性，精心选择多样化的教学方法，以使学生的能力得到全面发展，达到教学目标的基本要求。

四、突出作用的相对性和互补性

任何教学方法都是建立在一定的教学思想基础上的，并有其独特的操作模式和实施程序。新课程理念下，各种教学方法在具体操作和实施过程中都是优越性和局限性并存的，没有哪一种方法是万能的、最优的或者绝对的。前苏联著名教育家巴班斯基认为：从辩证矛盾来说，每一种方法都有其优点和不足之处。某种方法可以顺利地解决某一种教学教育任务，但用于解决另一种任务就不那么成功，而对解决第三种教学任务甚至可能有所妨碍。例如在教学过程中，有些方法比较耗时，程序繁琐；有些方法对情境要求较高；有些方法对学生原有认知条件和水平要求较高；还有些方法对教师组织管理能力要求较高等。因此，任何一种教学方法的有效作用都是相对的，没有哪种方法能够达到教学目标的所有要求。一种教学方法的优势往往是另一种方法的劣势或不足，很多教学方法都是具有互补性的。现实课堂教学中，教师如果能够充分利用各种方法的相对性和互补性，其教学效果是显而易见的。

五、突出技术手段的现代化

任何一种教学方法的有效实施都必须借助一定的教学手段，教学手段的不断发展和改进有助于促进教学方法的不断革新。随着现代社会生产力和科学技术的高速发展，很多现代科技成果被引入到教育领域中，应用效果显著。如图表、标本、模型等静态直观教具以及多媒体、网络等信息技术的引入，使得教学手段越来越技术化和现代化，教学内容越来越生动、具体和形象。尤其是新课程改革后，新的科技成果频繁出现，并不断应用于教育教学领域，极大地促进了课程与信息技术的整合，逐步实现了教学内容的直观化和科学化。例如通过网络课程学习，既可以节省师生外出培训学习的时间，又可以节约教学资源，还可以使师生学会和掌握更多的教法及学法，充分调动师生学习的积极性，实现教学效果的最优化。

六、突出方法的创新性

新课程改革强调教师应注重学生的人格，关注个体差异，满足不同学生的学习需要。教学活动中，教师要想满足不同学生的学习需要，就必须充分地了解学生、创造性地运用不同的教学方法进行知识和技能的传授，并形成自己的教学风格和特色。新课程理念下的课堂，学生带着自己的知识、经验和性格参与到课堂活动中，课堂教学必然呈现出多变性和复杂性，这就需要教师要富有创造性地开展教学活动，以满足不同学生的个性需求。实践证明，作为实施新课程的教师，必须具有创新意识和创新精神，能使教学活动真正成为创新活动，以培养学生的创新精神和创新能力，完成新课改的育人使命。

教学方法是课堂教学的重要组成部分，直接影响课堂教学的质量和学生的个性发展。新课程改革背景下，正确认识和理解教学方法的发展特征，选择合适、科学的课堂教学方法对实现新课改目标，促进学生的全面和谐发展具有重要的指导性意义。

第二节　新课程背景下教学方法的选择

教学方法的选择是决定教学质量的重要因素之一。教学方法作为实现教学目的的手段，总是具有一定的时代性。这就要求教师必须顺应时代和教育的发展需要，及时转变教育理念，更新教育思想，积极探索符合学生实际的、恰当的教学方法。新课程改革背景下，如何才能恰当地选择教学方法呢？

一、依据教学目标与教学任务的要求

任何一种教学方法，其根本作用在于实现教学目标和完成教学任务，以达到预期的教学效果。现代教学论认为，教学目标一般包括认知、情感和动作技能三个领域，每个领域又可以分为若干个不同的层次。每个层次的教学都必须借助与其相适应的教学方法和手段，以完成不同层次教学目标及教学任务的需要。例如在一项具体教学设计中，如果教学目标强调的是知识的传授，那么教学过程中应选择以语言传递类信息为主的讲授法；如果教学目标强调的是动能技能的培养，那么应选择以实际操作训练为主的尝试法等。因此，选择教学方法的首要依据就是具体的教学目标以及在目标规定下的教学任务。

当前，基础教育课程改革的具体目标之一就是改变过于注重知识传授的倾向，强调形成积极主动的学习态度，使获得基础知识与基本技能的过程同时成为学会学习和形成正确价值观的过程。可见，新课程改革突出强调教学目标的三个领域。这一点在各门具体学科的课程标准中也有明显的体现。如物理课程标准中制定了三维培养目标，即知识与技能、过程与方法、情感态度与价值观。对于每一维度的实施，课程标准中也都有详细的行为标准描述。根据这些教学目标和行为标准，教师需要在具体教学中采取有针对性的教学策略和方法，才能够完成新课程赋予的教学使命。

二、依据教学内容的不同

教学内容是教与学相互作用过程中有意传递的主要信息。新课程背景下，人们对教学内容有了新的认识，即教学内容是教学过程中同师生发生相互作用、服务于教学目的达成的动态生成的素材及信息。不同学科，教学内容不同，所要求的教学方法也必然不会完全相同。如人文社会学科通常采用讲授、案例、讨论等方法；自然学科通常采用尝试、合作、探究等方法。另外，即便是同一学科，不同阶段、不同单元、不同课时的具体教学内容也会有所不同，这就需要教师采取与具体教学内容相符合的教学方法，灵活运用。

三、依据学生的实际情况

学生是教育的对象，也是教育过程中的主体。新课程的最高宗旨和核心理念是"一切为了每一位学生的发展"。这里的"发展"是指学生的身心全面、和谐发展，而要促进这种发展需要教师从学生的身心发展实际出发，熟悉不同年龄阶段学生的知识水平、智力发展水平、心理特征及行为习惯，并依据学生身心发展规律和特点开展教育教学活动。以往教学实践已经证明，即使是同一年级或同一班级的学生，由于个性差异，对教学内容的理解程度及教学方法的适用性也存在很大差别。教师在选择合适的教学方法之前，必须对所教学生有充分的了解和认识，对学生原有知识水平和智力状况有所诊断，有针对性地选择和运用相应的教学方法，使每个学生在原有基础上都能够得到完全、充分、自由的发展。

四、依据教师自身的素质

教师是学生学习的组织者、促进者和指导者。新课程改革强调教师要创设能引导学生主动参与的教育环境，激发学生的学习积极性，培养学生掌握和运用知识的态度和能力，使每个学生都能得到充分的发展。也就是说在新课程中，教师不再以知识拥有者的身份出现，更大层面上是为学生自主学习、学会学习创设有利情境，并在学生学习遇到困难时给予必要的指导，采取有效的教学方法把学习活动引向深入。

课堂教学实践中，教师自身的学识、经验、性格、气质及风度都对教学方法的选择和实效产生重要的影响。如有些教师善于用生动的语言及故事引人入胜，感染力极强；有些教师善于运用案例和资料，旁征博引，有理有据，说服力较强；还有些教师善于设计和运用问题，在问答中逐步引导学生掌握教学内容，发现自己的优势及不足。事实上，任何一位好教师的教学方法都是各有特色的。他们善于选择适合自己的独特的教学方式去影响学生、启发学生和感染学生。实践证明，无论是哪一种具体教学方法，只要它完成了教学目标和教学任务的要求，能够促进学生的全面发展，尽管风格和做法大有不同，也都会受到学生的欢迎。相反，即使是理论上再好的方法，但由于个别教师缺乏必要的专业素养，无法驾驭，也不会产生良好的教学效果。因此，教师在选择教学方法时应该注意扬长避短，从实际出发。

五、依据教学方法的特点

与传统教学相比，新课程改革强调教师要改变让学生以接受为主要学习方式的教学方法，逐步推行自主、探究、合作与主动接受相结合的教学方法。新课改理念下，对新教学方法的肯定并不意味着对原有教学方法的完全否定和抛弃，任何一种教学方法都有其自己的特点、优势及应用局限。新课程下的教师需要正确认识每种教学方法的特点，并能够结合自身和教学实际，科学选择，合理运用。所谓"教学有法，教无定法"也正是说明教学活动中没有固定的、最好的教学方法，而只有最适合的的教学方法。不同的教学方法所要达到的具体教学目标可能会有所不同，但终极目标是一致的。

综上所述，随着教育改革、新课程改革的不断深入，新的教学观、学生观和课程观呼之欲出，教学方法也随之发生了重大的变革。新课程背景下，教师要根据各科教学目标及任务、教学内容、教学对象、自身条件以及教学方法的具体特点，确定和选择不同的教学方法，掌握它们的变化发展规律，创造性地加以运用，为课堂教学服务。

第二章 基于新课程的讲授教学法

 **案例导入**

作为师范学院的实习指导老师，王老师在实习结束前去学校听了两堂汇报课。两位实习生讲课风格迥异。小李的特点是在教学中自己讲解的时间很少，让学生讨论的时间较多。但在学生讨论的过程中，并没有出现大家所期待的小组成员间踊跃发言和热烈争论的场面。相反，整节课堂气氛比较压抑，只有部分学生小声交流。时间消磨大半后，小李老师请同学发言，由于班级人数较多，只有少数人有机会发言。眼看下课时间就要到了，小李老师选择向全班核对答案，简单总结，课程也就草草结束了。实习生小肖则与小李不同，整节课上一直回荡着她滔滔不绝的讲解，从课本到课外，从历史到现代。偶尔向学生抛出几个问题进行互动，见到学生没有积极反应后便自问自答，学生面面相觑。卖力地讲了45分钟后，课程结束。

课下，王老师分别与实习生小李和小肖进行了谈话。小李认为现在的课要符合新课改的理念，尊重学生的主体地位，老师讲的时间要尽量少，学生讨论的时间要尽量多。而小肖则认为，班级规模大的情况下，很多活动难以开展，老师多讲是节省时间、扩大信息量的有效方法。回想着小李和小肖的课和回答，王老师陷入了沉思。两个人说的都有道理，完全摒弃讲授和满堂灌都是不利于提高学生学习积极性的。可是，教学中的问题却是真实存在的，那么问题究竟出在哪里呢？

第一节 讲授教学法概述

讲授教学法是古今中外教学活动中最基本、最常见、最传统的教学方法。即使是在信息技术高速发展的今天，讲授法依然是课堂教学中应用最为普遍且深受师生喜爱和欢迎的一种教学方法。

一、概念界定

讲授教学法简称讲授法，是指在一定的教学原则指导下，为达到教学目的，教师对所授内容进行合理分析整合后，以语言为媒介，通过简洁、易懂的课堂口语向学生描绘情境、叙述事实、解释概念、论证原理和阐明规律，从而实现系统地传授专业知识、启发学生思维、表达教师情感、培养学生分析问题和解决问题的能力、完成一定教学任务的教学行为方式。

北京师范大学顾明远教授在其主编的《教育大辞典》中，把讲授法定义为"口述教学法"，是指教师通过口头语言向学生传授知识的教学方法。这种方法主要培养学生的理解力和记忆力。根据中国大百科全书（教育卷），讲授法是"教师通过口头语言向学生描绘情景、叙述事实、解释概念、论证原理和阐明规律的教学方法。"捷克教育家夸美纽斯主张把所有的知识都传授给学生，他在《大教学论》中指出："这种教育将不是吃力的，而是非常轻松的，课堂教学每天只有四小时，一个先生可以同时教几百个学生。"讲授法要求学生首先必须听懂老师的讲授，然后记忆所学的知识。在各种教学法中，讲授法是最为基本的方法，是教师应该掌握的教学方法基本功。

二、基本特点

讲授法是人类最古老的教学方法之一，这种教学方法可以最早追溯到我国古代孔子的私塾和古希腊的柏拉图学院。随着历史的变迁，讲授法一直在不断地演进，它非但没有被历史的洪流所湮没，反而还始终保持着盛行不衰的势头。这与讲授法自身固有的一些特点是分不开的，这些特点也是讲授法赖以存在和发展的主要原因。

第一，高效性

首先，讲授法以教师为主导，以近距离的单向信息传播为主要知识传授方式。"传授——接受"的传输模式使知识传授速度快、干扰少。学生对所接受的教学内容的理解与接受、体会与感触、消融与储存会更直观、更高效、更深刻。讲授法采取定论的形式（而不是问题的形式或其他形式）直接向学生传递知识。教师利用自己的专业知识经验对所传授的内容进行有效的整合，突出重点、难点、关键点，在课堂教授过程中能直奔主题，有利于学生掌握系统的知识，能充分发挥教师的主导作用。讲授法赋予教师的主导地位可以使教师控制整个教学过程，实施自己的教学内容，达到自己的教学目标，节省时间，有效避免了学生在认识过程中的盲目性和许多不必要的挫折和困难。特别是能够有效地保证数量众多的学生在特定的时间内学到人类花费漫长时间积累起来的知识和技能。可以说，这是一条经济的道路，老师的讲授是学生获得系统知识的捷径。另外，教师在讲授中考虑学生的个性需求、学习动机、心智能力、目标取向以及群体特点等，注意知识传授的程度和速度，由简到繁，由浅入深，先易后难，循序渐进，还可以借助实物演示、直观教具和计算机多媒体等现代化教学辅助手段，增强传授知识的形象性和易传性，从而切实提高教师主导作用的效率。

其次，从当前国内外普遍的授课方式上讲，讲授法与班级授课制相统一。班级授课制长期以来一直是中外教育教学的基本模式。由于特定的历史背景和社会现实，在相当长的历史时期内，这种形式将仍然作为主要授课方式而存在。在班级教学中，教师面向的是全体学生，针对其存在的普遍性问题进行讲授，根据班级学生的一般特点和水平进行教学。在新课改的倡导下，学生在教师讲授法的辅助下通过自主、合作、探究等主动的认知方式进行学习。学生和教师通过"讲与听"、"教与学"，观点交融，思维呼应，是教师的主导作用和学生的主体作用有机的结合，能够有效地实现教育教学目标的基本要求，促进学生的全面发展，提高学生主体地位的效率。

第二，灵活性

讲授法以教师口头语言传授知识，即口头语言是教师传递知识的基本工具，具有很大的灵活性。教学中，备课与讲课是教师教学工作的两个重要阶段与中心环节。备课是讲课的必要前提和准备阶段。但课堂实际教学中由于环境、时间、学生状况等不确定因素的影响，备课与实际课堂中的讲授会存在一定的距离。在课堂教学中教师通过讲授法可以根据课堂客观需要，适当地对教学内容、步骤、方法、进程做出随机调整。课堂的组织形式、讲授内容、课堂容量等，教师也都可以根据所教授的学生的认识水平和特点进行自主把握。对于教学的过程中所出现的问题，也可以通过语言讲授灵活地进行处理。此外，讲授法还可以与演示法、实验法、讨论法等多种教学方法配合使用，以保证教学目标的实现和教学任务的顺利有效完成。

第三，基础性

不论是直接教学法（以语言形式获得间接经验的方法，如谈话法、讨论法、读书指导法等）、间接教学法（以问题为中心，激发学生主动探索精神、获取知识的方法，如发现法、探究法、研究法等）以及以实际训练形式形成技能、技巧的教学方法（如练习法、实验法、实习法等）等都是以讲授法为基础、为纽带的。可以说，任何一种教学方法都离不开老师的"讲"。无论是传统教学，还是新课改理念引领下的现代教学，各种教学方法都必须与讲授法相结合才能更好地发挥作用，讲授法是其他教学方法的基础性工具。只有讲授法在课堂中贯彻落实得好，才能保证其他方法的有效运用。对于接受知识的学生来说，讲授法是学生进行有效学习的基本方法。只有在良好地适应、习惯讲授法的基础上，才能更好地接受、认知其他教学方法所呈现、传输的知识。学生只有学会如何"听讲"，才能自觉地进行自主学习，从而真正达到有意义地学习。

三、主要方式

一般情况下，讲授法主要包括讲述、讲解、讲读、讲演四种方式。

（一）讲述法

讲述法是教师向学生系统叙述和描绘教学内容的一种讲授方式。通过讲述来表达事件、知识。讲述法重在"述"，主要包括三方面的内容，即叙述、描述、概述。叙述的语言要把教学内容向学生做客观的陈述介绍，把人物活动和事件经过、事理的发展过程具体地表达出来，呈现脉络清晰、完整系统的相关知识或事实。描述的语言则要生动逼真、直观形象，给学生以艺术的熏陶，身临其境的感受。概述的语言特点是简练准确、清楚明白、逻辑性、概括性强。

在采用讲述法的教学过程中，教师对教材进行合理有效的整理与加工，去除与讲课任务无关的内容，添加或补充必要的新内容，把晦涩呆板的教材语言转化成灵活易懂的口头语言。优化课堂教学，增强讲授的吸引力和说服力，唤起学生的求知热情，加深学生对所学知识的印象。

案例一 讲述法在历史课上的运用

有位教师讲秦朝灭亡时就采用了写意描述法，把远离现实生活的那段久远历史讲述得生动逼真、可感可知。他说："公元前206年，刘邦率领的起义军进入咸阳。继位只有46天的秦王子婴，乘白马素车，脖子套着丝绳，双手捧着玉玺，在城外躬身迎接，表示投降。至此，陈胜、吴广在大泽乡点燃起来的革命烽火，终于烧毁了想要万世一系的秦王朝。可见事与愿违，秦王朝不仅没能万世一系，到头来只落得个二世而亡，历史又翻开了新的一页。"

（资料来源：欧阳芬总主编，胡青、赵凌、肖军主编. 有效教学的基本功2——新课程下中小学教师讲授技能指导 [M]. 北京：世界图书出版公司，2009.）

另外，教师要善于找到学生已知与新知、已能和未能的结合点，使新知识与旧知识有机地结合与联系，在已有知识的基础上掌握新知。采取适当的讲述方式不仅可以愉悦学生的情感，还可以使传递的新信息变繁为简，变深为浅，变抽象为具体，充分开发学生的智力，培养其能力，促进学生的知识水平不断发展。讲述法还可以在有限的教学时间内为学生提供认知事物或事件的大量信息、材料，促进学生对新知识的理解。它是教学中为学生提供认识素材、丰富学生知识、促进学生对有关知识认识与理解的常用方式。

（二）讲解法

讲解法是教师对教学内容进行解释、说明和论证的一种讲授方式。讲解法运用解释、说明、分析、论证、概括等手段讲授知识内容，以揭示事物及其构成要素、内部规律和发展过程，使学生把握事物的本质特点和规律。

与讲述方式（陈述客观事实）不同，讲解更侧重于对所教授内容的分析和论证，意在讲理（解释内部关系与规律）。讲解法的主要任务是使学生深入理解教师在课堂上传授的知识，培养学生独立思考、分析问题、解决问题的能力。讲述法和讲解法相结合，恰好可以解决"是什么"和"为什么"的问题。在实际的课堂教学活动中，如果教学内容相对生僻，脱离学生个体认知经验水平，采取讲解法会更好地帮助学生理解教学内容，有效地实现教学目标。这是因为讲解法具有启发学生思考的特点。

新课程讲求自主合作探究的学习方式，但是在学生小组合作讨论探究之后，问题仍无法解决时，老师的讲解就非常重要了。

案例二　小学"一个数除以分数"授课环节

教师先出示了例题："一桶油漆的1/3，可以刷2.4平方米的墙，1桶油漆能刷多少平方米？"再引导学生看书自学，并带着疑问进行讨论、交流。

师：大家还有什么没解决的问题吗？

生1：老师，为什么2.4÷1/3会等于2.4×3呢？我对这点还不明白！

师：对XX同学（生1）提出的问题，哪个小组或哪个同学能解释一下？（全班鸦雀无声，没有人举手）

师：你们心中是不是也有这样的疑问？（几乎全班学生点头）

师：（指着黑板上的线段图）1桶里有几个1/3桶呢？

生2：1桶里有3个1/3桶。

师：题目告诉我们"一桶油漆的1/3，可以刷2.4平方米墙"，那么，1桶油漆能刷多少平方米？怎样列式？

生3：列算式应该是总量除以份数，这里总量是2.4，份数是1/3，算式应该是2.4÷1/3。

师：那么1桶油漆能刷多少平方米？你是怎么想的呢？

生4:1桶里面有3个1/3桶，1个1/3桶可以刷2.4平方米，3个1/3桶可以刷2.4×3平方米。

师：非常好！由于1里面有3个1/3，所以，1桶油漆能刷2.4÷1/3平方米，也就是，2.4×3平方米，所以，求1桶能刷多少平方米，可用2.4×3表示。

学生边听边看，频频点头，流露出恍然大悟的神情。

（资料来源：孔凡哲、崔英梅编著.课堂教学新方式及课堂处理技巧：基本方法与典型案例[M].福州：福建教育出版社，2011.）

上则案例中，老师结合线段图形的讲解起到了很好的点拨作用，最后使学生"频频点头""恍然大悟"。

教师在采用讲解法的过程中，首先要理清知识的相互关系，保证知识的整体性，使学生能够掌握系统的知识而不是零碎散乱的知识，培养学生的发散性思维。采用讲解法教学，教师不仅阐述知识，又要讲思维方法和思想观点，同时也要把自己分析解决问题的过程有意识、无意识地展现给学生，使学生不仅学到了知识，又掌握了获得知识的思维方法。对于学生而言，讲解法要求学生在思考中聆听，在聆听中思考，保持思维的活跃状态，提升听的主动性，从而使学生的思维活动积极地参与到教学过程中来。这不仅有利于培养学生进行高效学习的品质，而且能够发挥教师的创造性，形成独特的、被学生积极接受的教学风格。一般情况下，讲解法尤其适用于数理化等科目教学。

（三）讲演法

讲演法是教师对教学内容作较长时间连贯系统的分析、论证和说明，并作出科学结论的讲授方式。

讲演法具体表现为教师就学科领域的某一重点问题全面系统地论说自己的观点和见解，中间不插入或很少插入其他的教学活动。讲演法能使学生深入理解所教授的内容。在实施过程中，教师针对授课对象——学生的实际情况，学生感兴趣的热点问题，学科内容的重点、难点问题与有争议的问题，进行有针对性的论述。讲演法所具备的针对性和专题性特点，可以有效地激发学生的学习兴趣，集中学生的注意力。

讲演法的合理运用必须建立在教师充分了解学生对讲授内容的兴趣点、以学生为中心、设计教学内容的基础上，使学生真正成为教学的主体。同时，教师还要具备一定的演说才能，使讲座更富有煽动性和感染力，达到师生间心灵的沟通，给学生以难忘的印象，使知识得以有效地识记。讲演法可以是报告、演说、讲座等多种形式，多见于高等学校或某些专家讲座，中小学很少涉及，这里不再赘述。

（四）讲读法

讲读法是讲、读、练综合运用的一种讲授方式，是结合阅读进行讲述和讲解，教师在讲述、讲解过程中指导学生阅读教材，教师与学生有讲有读、边讲边读，讲、读、练综合运用，相辅相成促进学生对知识的掌握，完成认知任务的讲授方式。

讲读法主要用于外语和语文教学中，对于其他学科课程中的某些重点段也同样适用。讲读主要是围绕教材内容进行的一系列教学活动，包括词句解说、课文分析、概括大意、朗读、复述、背诵等。在运用讲读法的过程中，教师还要根据课文内容，用恰当的语调、语气、重音以及面部表情、手势姿态等手段吸引学生的注意力，排除他们的不良情绪，积极地调动他们的情感态度，实现学生对所学内容的情感共鸣。老师的"讲"引导学生的"读"，使学生加深对课文的情感体验，进入角色，从而感到读书的乐趣，在语言和思想上都有收获。有效的讲读能够帮助学生形成良好的学习态度，达到积极的兴趣迁移。

表一　讲述法、讲解法、讲演法、讲读法的概念、功用、基本要求

讲授法	概念	功用	基本要求
讲述法	表述事件、知识	主要解决"是什么"的问题	表达正确、明了、生动，突出重点、难点和关键点，坚持用普通话。板书清晰、简明、规范。
讲解法	分析、论证问题	主要解决"为什么"的问题	
讲演法	连贯系统地就某一专题进行分析论证说明，做出科学结论	兼有"述"和"解"的作用，完整地讲明某一课题或专题	
讲读法	结合阅读进行讲解和讲述，讲、读、练综合运用	兼有"述"和"解"的作用，系统地传授教材知识	

（资料改编自：叶澜、丁证霖．新编教育学教程 [M]．上海：华东师范大学出版社，1991．）

综上所述，讲授法有多种方式，各有其特点和功用。要打下扎实的教学基本功，掌握好讲授法的各种方式则是基础，其中讲述和讲解的技能又是基础中的基础。各个方式的运用要以其具体的特点和现实课堂的需要为根据，综合运用，发挥各自的优势，从而达到最佳的教学效果。

四、优势与局限性

巴班斯基说过："每种教学法按其本质来说都是相对辩证的，它们都既有优点又有缺点，每种方法都可能有效地解决某一些问题，而解决另一些则无效，每种方法都可能有助于达到某种目的，却妨碍达到另一种目的。"客观认识讲授法的优势与局限性便于我们在教学或学习过程中作到心中有数，取舍有道，扬长避短。

（一）讲授法的优势

1. 宜于传授基础知识

根据中小学学生的认知特点，教学的主要内容仍为基础知识的传授。基础知识可以归结为学习者对间接经验的学习。虽不排除某种创造性，但学习方法仍然以接受为主。学生的学习途径可以是通过教师讲授或课内外的自学。由于基础教育中，学生受自身认知能力、个体学习经验的限制，学生自主学习在一定程度上仍然存在一定的困难。讲授教学法可以在短时间内弥补学生在认知经验上的欠缺，打下良好的知识基础，为以后其深入自主学习铺平道路。学生听教师讲授，即进行传授——接受式学习，这是他们开展学习活动的重要途径。

2. 适于班级教学

由于特定的历史文化背景，班级授课制一直是教学的基本形式。而且在相当长的时期内，这种形式将不会发生较大的改变。进行班级教学，教师能充分发挥主导性作用，有效地针对全体学生所存在的普遍性、重难点问题进行适时讲授，大大节省了教学时间，有效地提高了教学的效率。

3. 利于发挥教师的作用

教师在教育教学中起着重要的作用,他们肩负着教学的计划、设计、组织、讲授、辅导、批改和考查等责任,还要保证这些工作都要高质高量完成。教师在利用讲授法授课的过程中能确立自己对课堂的主导地位。这使教师利用讲授法不仅仅传授书本知识,还要能动地体现出教学的科学态度、理论智慧、情感态度价值观等抽象的高于书本的理念。另外,讲授法可以最大限度地发挥教师的教育功能,唤起学生的学习兴趣和吸取智慧的愿望。

4. 教学内容集中,信息密度大

教师是教学的实践者、所授课程内容的先知者、教育教学的研究者。教师在教育教学中的特殊身份决定了他们必须能够站在本学科的前沿来理解课程教学内容,掌握大量的教育信息,在教学内容的深度与广度上把握课程的逻辑结构和知识体系。这样,教师讲课时就能厚积薄发,深入浅出。在同等的时间里,学生从教师的讲授中获得远远大于自己自学、阅读等其他学习方法所能获得的信息量。所以,在信息量大、信息呈现模式多样化、学科知识跨度大等为特点的新课改背景下,讲授教学法能够在一定程度上适应这些特点,发挥其潜在优势。

5. 系统地传授知识

学生可以通过多种渠道获得专业知识,但就系统性而言,讲授法是最有效的。学校所开设的众多学科的学科知识有其自身特点和系统性。依据学科特点传授知识、培养技能是学校教育的首要任务。教师利用讲授法可以方便、快捷、系统地向学生传授这些知识,并帮助学生在学习中形成技能,发展智力。基础教育所教授的知识大多属于间接知识,这些知识并不需要学生都一一去摸索,讲授法是学生从教师那里直接获得系统知识的捷径。

(二) 讲授法的不足与局限性

1. 知识来源单一

当前,人类社会已迈入了知识经济和信息社会时代,社会发展已由过去主要依靠自然资源和劳动力资源转变为主要依靠技术和信息资源。在全球化、信息化背景下，知识与信息来源广泛，更新速度极快，教师与课本不再是学生知识的唯一来源。单纯依靠教师传授知识已无法跟上时代步伐，满足学生发展的需要。人们只有不断地学习、拓宽学习渠道，才能适应不断变化的社会。时代要求教育要与时俱进，要培养有创新能力、有终身学习素养、能引领未来的人才。而以教师为主要知识来源的讲授法已经不能满足新课程改革的要求。

2. 单向信息传递

讲授法是信息单向传播的教学方法，教师与学生分别处于主动传播与被动接受的相对位置。从教师角度说，单向传授难以接收学生的反馈信息，很难使学生进行积极思考，从而无法充分发挥他们学习的主动性。从学生方面来看，学生对传授的信息被动接受，缺乏主动思考，盲目追寻教师讲授的思路，无法让思维充分地参与，其结果是大脑塞满了现成的结论式知识，很容易陷入机械学习的误区，对难点与重点、知识的总体性与逻辑关系把握也比较困难。尤其是当教师对所讲授内容缺乏整体性认识时，容易造成机械性的讲授，单纯的传递。久而久之，导致学生丧失学习的主动性。所以，讲授法如果运用不当极易导致"填鸭式"、"注入式"教学。

3. 难以顾及学生的个体差异、因材施教

面向全体学生的讲授，很难顾及学生的个别差异。在班级课堂上，教师往往要照顾大多数，无法兼顾也不易察觉学生之间的个体差异和个别问题。教师如果不合时机地过多讲授会占据课堂的大量时间，必然要以减少学生活动时间作为代价。本章案例导入部分所提到的实习生小肖老师恰恰是犯了这样的错误，以老师的讲代替学生的学，占据了学生接受式学习时间。而学生在课堂上活动的时间减少，就会影响学生自主探究能力的培养，对新课程所要求的实现人的全面发展、个性化发展形成阻碍。

4. 受教师的个人能力以及专业化程度的限制

讲授法不是一种实体工具，它蕴含于教师的主体素质之中。因此，教师的综合素养直接影响到讲授法的教学效果。讲授法对教师的教学水平、学生的学习动机要求较高，同时受学生本身语言和思维水平的限制。如果教师专业能力不足，对教学内容没有能力从整体上把握，对讲授内容的知识体系、重难点认识不清，课堂讲授只能停留在对教材或讲稿的依赖上，授课死板生硬。如果教师没有尊重学生的主体地位，不了解他们的知识现状和思维水平，不能激发他们的学习动机，那么教学效果必是事倍功半。

总之，讲授法作为最常见、最基本的教学方法，一直在课堂中被广泛运用。在新课程理念的指导下，讲授法的运用也应该与时俱进，对它进行应有的变革、赋予其新的内涵刻不容缓。对于那些不顾学生兴趣照本宣科、面面俱到、机械重复的讲授必须废止，而那些能引起学生积极思考、激起学生丰富情感、形成学生有意义学习的讲授应当得到发扬。正所谓"教学有法、教无定法、贵在得法"，讲授法的运用应视教学目标、教学内容，结合教学对象的实际情况、教师自身的特点扬长避短并与其他教学方法有机整合，灵活运用。这样，讲授法一定会在新课程改革中重放光彩。

第二节 新课程背景下讲授教学法的实施

在厘清了讲授教学法的基本概念、基本特点、主要方式和优势局限的基础上，这里进一步探讨和介绍讲授教学法在新时代新课程背景下实施的必要性和可行性、具体实施步骤以及在实施过程中教师需要注意的几个基本问题。

一、实施的必要性与可行性

新一轮基础教育课程改革内容中，在课堂目标改革上明确提出："改变课堂过于注重知识传授的倾向，强调形成积极主动的学习态度，使获得基础知识与基本技能的过程同时成为学会学习和形成正确价值观的过程。"这里的"改变课堂过于注重知识传授的倾向"，并没有否定知识传授，也不是说不要注重，而是强调不要过分注重知识传授、单一地使用讲授法。在新课程背景下，讲授法仍有其实施的必要性与可行性。

首先，讲授法自身的特点决定了其存在的必要性与可行性。讲授法历史悠久，是教学活动中最基本、最传统的教学方法。人类获得知识有两条途径，一是通过亲身实践获得直接经验，二是向他人或书本学习，获得间接经验。从学的角度来看，获得知识的途径主要还是第二种；从教的角度来看，任何方法都离不开教师的"讲"。另外，讲授法是与班级授课制内在统一的，只要班级授课制这种教学组织形式存在，讲授法作为一种快捷有效的传授人类文明成果的方法，就是其他教学方法不可替代的。恰当使用讲授法，有利于大幅度提高课堂教学的效果和效率；有利于帮助学生全面、深刻、准确地掌握教材；有利于充分发挥教师自身的主导作用。讲授法是其他教学方法的基础，在教学过程中尤其是联系的环节和总结的环节中发挥着重要的作用。虽然直至今天，它与其他方法相比备受争议，但仍经久不衰，驳而不倒，始终在教学过程中占有重要的地位。新课程改革背景下，讲授法有其存在的必要和价值，其方法本身并没有实质性错误，其不足和缺陷主要存在于应用当中，是可以避免和解决的。

其次，当今的时代要求决定了其存在的必要性与可行性。捷克大教育家夸美纽斯指出讲授法最大的优点是节省时间和精力，可以"大量生产"知识。在所谓科技发展突飞猛进、"知识爆炸"的时代，讲授法在传播间接经验或学科知识的作用方面，其简单高效的优点不容置疑。在电视、网络、多媒体等现代化信息传播手段高度发展的今天，讲授法的作用不但没有被削弱，反而是加强了。讲授突破了班级的限制，甚至摆脱了时间和空间的局限，以低成本高效率的教学方式使大众受益。在新时代，利用现代化手段大范围传播知识信息，讲授法绝对是无法取代的。

再次，我国的现实国情也决定了讲授法存在的必要性与可行性。讲授法突破了时间和空间以及个人直接经验的限制，成为调节个人经验和人类社会历史经验之间矛盾的有力手段。讲授法在学校教学，尤其是中国的学校教育中占主要地位是社会和教育进程的历史选择。我国人口众多，反映到教育问题上就是大班授课这一特点，很多在国外适用的教学法在我国却不见得奏效。讲授法的高效表现在它由点到面，不受人数的制约，可以让学生在同样的时间内获取大量的知识。这一点最符合我国当前大班授课的基本国情。另外，讲授法低成本高效率还体现在对教学设施要求不高上，所谓"talk and chalk"，就是说老师一张嘴，手握一支笔，就可以实现教学过程，这在我国一些贫困地区还是非常实用的。我国经济水平和教育水平发展不平衡，教师素质和教学条件的差异很大，这决定了讲授法作为最基础的教学方法仍有其存在并发挥作用的客观现实依据。

总之，讲授法自身的特点、当今的时代要求及我国的基本国情决定我们对讲授法要保留发展完善而不是抛弃、放弃和嫌弃。新课程所倡导的合作、自主、探究学习，如果没有教师的讲授指导，就成了热热闹闹但散漫无序的花架子。

二、实施的基本步骤

讲授法从教师教的角度讲它是一种传授式的方法，从学生学的角度讲，它是一种接受式的学习方法。讲授法表现为接受式教学方式，或者称之为"传递——接受式"教学方式，其理论依据是行为主义心理学的原理。根据斯金纳（Skinner）的操作条件反射理论，该教学方式强调通过控制学生的行为达到预定的目标，即通过联系——反馈——强化，这样反复循环的刺激反应过程使学生形成思维定势或行为习惯，从而塑造有效行为，达到学习内化的目的。它最初源于赫尔巴特的四段教学法：

明了——给学生明确地讲解新知识；

联想——新知识要与旧知识建立联系；

系统——做出概括和结论；

方法——把所学知识应用于实际（习题解答、书面作业等）。同这四个阶段相应的学生心理状态是注意、期待、探究和行动。后来这四个阶段被改造成五段教学法，即：

预备——唤起学生原有的有关观念和吸引学生的注意；

呈现——教师清晰地讲授新教材；

联系——使新旧知识形成联系；

统和——帮助学生抽象和概括，形成统觉团（人依靠在经验中获得的观念同化新观念而形成的观念体系）；

应用——以适当方法应用新知识。

自 20 世纪初讲授法传入我国以来就为很多教师所接受，他们自觉不自觉地使用这种方法开展课堂教学。讲授法非常强调教师的指导作用和权威性。教师引导教学程序逐步展开：复习旧课——激发学习动机——讲授新课——巩固练习——检查评价——小结。

复习旧课——强化记忆、加强理解，对知识进行系统性梳理，建立新旧知识之间的联系。

激发学习动机——设置情景或组织活动导入新课内容，激发学习兴趣。

讲授新课——教学的核心，以教师的教授和指导为主，要求学生遵守纪律，按部就班地跟着教师的节奏完成课堂任务。

巩固练习——学生应用所学的新知识解决问题、完成作业的操练过程。

检查评价——通过学生在课堂的表现和家庭作业完成情况来检查学生对新知识的掌握情况。

小结——总结提炼，加深理解。

除此之外，在教学过程中，把传统的讲授法与现代教学手段相结合，直观教具、语音室、多媒体课件等设备的有效利用可以补充语言媒介的不足，以提高讲授法的实际效果。

案例三　语文课——《雷雨前》

教学要点：

一、简要介绍作者和文本的时代背景

二、讲清、理解第一、二幅画面

教学内容和步骤：

一、复习旧课，用对比的方法引入新课

我们曾学过杨朔的优秀散文《茶花赋》，被它所描绘的二月南疆的优美意境所深深陶醉。请同学们用一个词或一个诗句来描绘一番。（学生回答："春深似海""花红水绿""满园春色关不住""生意盎然""寒露乍开"等）二月的南疆，画面明艳，色彩绚丽，这是由于作者描绘的是伟大社会主义祖国的大好风光。今天，我们学习茅盾的抒情散文《雷雨前》，色彩就截然不同，完全是另外一番情景，另外一个世界。究竟是怎样一个世界呢？我们细读课文后就能知道。

二、作者与时代背景介绍

茅盾，现代文学巨匠，我国现代进步文化的先驱者，伟大的革命文学家和中国共产党最早的党员之一……

《雷雨前》写于 1934 年 9 月，那正是我国现代革命史上最黑暗的时期：国民党反动派对外屈服于日本帝国主义的侵略；对内加紧对革命根据地实行反革命的"围剿"……

三、朗读课文，初步揭示课文主旨

（一）提问启发：文中哪句话点明了全文的要旨？

（二）提问启发：作者希望"冲洗出个干净清凉的世界"，那么，雷雨前究竟是怎样一个世界呢？

四、理清情节，划分段落，掌握文章概貌

提问启发：为了把雷雨前这肮脏的世界主动逼真地展现在读者面前，作者匠心独运，以时间推移的纵式结构，细描细绘了五幅画面。请同学们划分段落并找出这五幅画面，用一句话加以概括。

五、讲读理解第一幅画面

（一）学生朗读课文第一段。

（二）启发思考：雷雨前又闷又热。作者一下笔就在"热"和"闷"上做文章。作者从哪两个角度刻画天气的闷热的？

（三）提问启发：从自然景物的角度看，对哪个景物的描述能突出"闷"？作者写"闷"的意图是什么？

（四）提问思考：在这样的环境里，人的感受如何呢？找出表现"热"和"闷"的关键动词。

（五）提问启发：作者把描绘自然景物和写人的感受结合起来，其用意和作用是什么？

六、讲读理解第二幅画面

（一）过渡："何当一夕金风发，为我扫却天下热"，如果一写闷热，立刻就祈望暴风雨来临，那就言不尽意，失之肤浅，也不成篇章。作者在这里稍稍开启一组画的卷头，下面就一步一步往深处推。请看第二幅画。

（二）提问：第二幅画面与第一幅相比，人与景物有何异同？

七、布置作业

（一）有感情朗读课文，背诵1—6节

（二）学习本文细笔细描的方法，写一篇作文——《雷雨后》

（资料改编自：叶澜、丁证霖．新编教育学教程[M]．上海：华东师范大学出版社，1991.）

在上述教案的教学步骤中，第一步老师引领学生回顾旧课，用对比的方法引出新课，问一句"究竟是怎样一个世界呢？"激发了学生学习新课的兴趣。第二步到第六步是新课讲授过程，教师的主导作用主要体现在对作者和时代背景的介绍，提出启发问题，反馈和总结学生的答案。第七步通过布置读写作业让学生巩固练习新学的知识。检查评价和小结的步骤则放在第二课时的开头和结尾。

三、实施的注意事项

《教育大辞典》指出有效使用讲授法的条件是：教师具备较强的语言表达能力与组织学生听讲的能力；能根据不同性质的教学内容和学生的实际水平，灵活变换讲授的具体方式并与其他多种教学方法配合。所以，在实施过程中大家要注意以下几点：

第一，讲究课堂语言的启发性、艺术性和趣味性。讲授法是以语言为媒介传授知识的教学方式，对教师的语言水平要求很高。首先，要贯彻启发式，防止注入式。

满堂灌会压制学生的积极性。古人云："学起于思，思源于疑。"在讲授中设置疑问，可以激发学生好奇心和求知欲，变被动的听讲为主动的思考。从中央电视台《百家讲坛》走出来的易中天、于丹等学术名人到战斗在教学一线的优秀教师，他们的讲授得到广大观众和学子的喜爱，其原因就在于他们不仅博学多才，而且善于运用讲话的技巧，能够抓住听众的心理，恰当设疑，引起思考，产生继续听下去的欲望和获得理想答案的期待，这就是启发的过程。《论语》说："不愤不启，不悱不发。举一隅不以三隅反，则不复也。"愤者，心求通而未得之状也；悱者，口欲言而未能之貌也。意思是不到学生努力思索仍找不到答案的时候，不到他心里明白却说不出来的时候，就不启发；不到他能够举一反三的程度，就不要反复举例了。也就是说教师的讲授要掌握火候掌握度，目的是使学生获得举一反三、触类旁通的能力，而不是大包大揽，替学生思考，给他们准备好现成的答案。其次，讲究语言艺术，就是力求讲授的语言形式上清晰准确、语速适当、抑扬顿挫；内容上简练生动、通俗易懂、条理清楚。语言力求规范，注意书面语和口语的恰当运用，还要结合体态语言配合讲授。恰当地调节说话时的语调、语速、重音等可以抓住学生注意力，突出重点。还要掌握好节奏，留给学生足够的理解吸收的时间。最后，没有学生不喜欢幽默的老师。幽默的源泉来自于生动的生活实践。新课程的一个特点就是教学情境以实际问题为切入点。在教学过程中列举贴近生活的实例，使用生动幽默的语言，创造既严肃认真又生动活泼的课堂气氛。

第二，把握讲授内容的科学性、思想性和系统性。讲授前，教师对本门学科要精通主要教学内容，做到融会贯通；对教材要认真钻研，抓住重点和难点，把握讲授体系；对学生要主动了解他们已有的知识基础和认知发展水平。讲授中，内容安排要考虑合乎学生的认知规律。由简到繁，由易到难，循序渐进，利用呈现"先行组织者"，构建新旧知识的逻辑联系，向学生提供必要的听课方法指导。讲授要立足于发展学生的智力，注意使学生掌握发现问题、分析处理问题和解决问题的方法。

第三，注意与其他教学方法的融合。新课程标准下，各种教学方法相辅相成。讲授法扮演着帮助理解和总结概括的角色。没有系统的接受学习，就不会有高水平的发现学习。无论哪种教学方法，都离不开讲授法的配合。同时，讲授法也需要与其他教学法配合才能更好地发挥作用。应该依据具体的教学内容，将讲授法与其他教学方法和手段综合运用，互相补充，扬长避短。

第四，恰当运用板书、板画、多媒体、演示、实验等辅助手段。恰当使用辅助手段，有利于获得良好的讲授效果，节约时间。板书要做到规范、整齐、条理清晰、重点突出。有条件的话，根据教材的内容和学生学习的需要，认真制作多媒体课件，但要避免过于花俏动感，分散学生注意力。

总之，讲授法这种传统的教学方法经历了时代的筛选，至今仍为人们广泛采用，说明其具有一定生命力，在一定程度上符合教学规律。注意从教学实际出发，根据新时代的要求，利用好发扬好讲授法的长处，是十分必要的。

第三节　新课程背景下讲授教学法的案例实录与评析

新一轮基础教育课程改革赋予了传统讲授法新的内涵。对教师们来说，最重要的是要深刻领会新课程的理念，掌握讲授技能的变化和发展，使讲授法在新时期下焕发出新的活力。当今，在讲授法教学仍然占据主要地位的中小学课堂教学中，如何通过恰当、有效的教学手段使讲授法能够满足新课改的客观要求，促进学生进行有意义的学习，仍然是值得我们广大教学一线教师思考的问题。

下面是两则运用讲授法的实例。我们可以通过讲授法在实际课堂当中的运用深入体会在新课改背景下讲授法的实施模式及特点。

实例一　五段教学法运用于初中地理《日食月食》教学

这节课的教学目的是：①使学生明了月的盈亏的原因。②日食月食发生的原因。③月球运行对地球的影响。应准备的教具有：地球仪、皮球、烛火、月盈亏图、日食月食图、潮汐成因图。

实际教学过程，分为下列九个步骤：

引起动机。①由复习前引起。②由讲述月亮的故事引起。③由提出问题引起。例如什么东西绕着地球运行？（月球）地球又绕着什么运行？（太阳）有人说月食日食是天狗把月亮或太阳吞下去了，这话对么？（不对）那么，为什么会发生日食和月食呢？（学生不是很明白）

决定目的。那么，我们今天就来研究日食月食问题，好吗？（好）

观察和试验。教师用地球仪、皮球、烛光来做实验，给学生观察，并且用挂图来说明月的盈亏、日食月食、潮汐发生的原因。①月亮反光的试验：用圆镜承接斜射入教室内的日光，可见反射光从镜面射出。月光即等于镜面反射出来的光。②月的盈亏试验：在暗室点燃烛火做日光，以皮球做月球，用手执皮球绕地球仪旋转，当月球转到地球与太阳之间时，试从地球仪方位观察，当然只能看见月球的背面，那就是月朔。然后再指示学生明白上弦、下弦和望月（十五）的道理。③日食和月食的试验：教师用地球仪等表演，并且指示在月朔时，若日、月、地球在同一直线上，太阳射至地球之光为月球所遮蔽，那么，就成日食。当月望时，若日、月、地球在同一直线上，则太阳射至月球之光为地球所遮蔽，那么，就成月食。用地球仪、皮球、烛光做上述表演后，再指示学生观察日食月食挂图，并加以说明。④潮汐成因的说明：指示学生观察潮汐成因图，并加以说明。

讨论。教师提出许多系统问题来讨论，学生思考并解答，使他们对于新教材更能了解。例如：①根据我们肉眼的观察，月亮是什么形状？（圆的）②在晴天的晚上，看见月亮是什么颜色？（银白色，上面有斑点）③月亮上面有人类存在吗？（天文学家用望远镜观察月亮，发现月亮的表面是一些大大小小的喷火口，没有水和生物的存在）④这样说来，月亮和地球没有关系吗？（月亮和我们也有很大关系，例如，月亮给我们光明；月亮上升的时候，潮水也跟着上升；我们根据月亮的圆缺，来决定月日，就是阴历。）⑤月亮自己会发光吗？（月亮自己不能发光，月光是受了太阳光的照射，反射到地球上来的。）⑥为什么月亮有时候圆有时候缺呢？（因为我们有时候能看到月亮受光面的全部，有时只看见一部分，有时候全看不见。）

⑦为什么月亮上升的时候，潮水也跟着上升呢？（因为潮水受了月球的吸引）⑧为什么有日食呢？（因为月朔时，日、月、地球在同一直线上，太阳射至地球之光被月球遮蔽了）⑨为什么有月食呢？（因为月望时，日、月、地球在同一直线上，太阳射至月球之光被地球遮蔽了。）

阅读。教师指导学生阅读课文，并且指出要点，作为研究的根据。遇有疑难之处由教师加以解释说明。

研究。教师指定下列问题给学生笔答：①月球是一种什么星球？（卫星）②别的行星也有卫星吗？（水星、金星没有卫星，火星有卫星2个，木星有卫星63个，土星有卫星31个，天王星有卫星27个，海王星有卫星13个）③月光为什么没有太阳光强？（因为月球不能发光，只能反射日光，所以光很弱）④为什么月球上没有生物？（因为没有水和空气）

整理。教师用表解的方法，加以整理归纳为若干要点。

月球是地球的卫星，绕地球一周，需时二十九日半。

月球不能发光，但能反射日光。

月球上没有空气和水，所以没有动植物，更没有人类。

日食：月朔时，日、月、地球在同一直线上，太阳射至地球之光为月球所遮蔽。

月食：月望时，日、月、地球在同一直线上，太阳射至月球之光为地球所遮蔽。

朔：月球绕地球而行，有时行至地球与太阳之间，只能看见月背，那就是朔。

望：月球行至地球之后，隔地球与太阳成相对位置，在地球上可以看见月光的全面，那就是望。

潮汐是潮水受月球的吸引而发生的。

发表。指定学生报告观察的经过，笔答课文后面的习题，绘制日食月食成因图、月之盈亏图、潮汐成因图。

考查。用填充、选择、是非、改错等测验题，填暗射图等方法，考查学生了解的程度，考查结果，发现共同错误，可在黑板上订正。

（资料来源：余文森、林高明主编．经典教学法50例．福州：福建教育出版社，2010.）

这则教学案例遵循五段教学法。引起动机和决定目的是"预备"阶段；观察试验和阅读是"呈现"阶段；讨论和研究是"联系"阶段；整理属于"统和"阶段；发表和考查属于"应用"阶段。新课程背景下的讲授法采用五段教学法的模式，绝不同于灌输法、注入式，它是启发式的，综合运用多种教学手段的。该案例首先通过讲述故事、提出问题激发学习兴趣、引入新课。讲授新课过程中，教师采用讲解、讲读、演示等方法呈现新知识，通过口头讨论和笔头问答的形式启发学生思考，建立新旧知识的联系。使用图表法总结统和，帮助学生抽象概括，把知识梳理成系统。最后通过报告、绘图、测验等作业巩固练习新知识，检查评价学生的掌握情况。预备、呈现和统和阶段以教师的活动为主，联系和应用阶段学生在教师的指导下完成。

实例二 《致橡树》高中语文课堂教学

一、导入新课部分

老师：同学们喜欢唱歌吗？

学生齐答：喜欢！

老师：那么我们先唱一首歌的片段，好吗？

学主齐答：好！

（老师用鼠标点按《梅花三弄》片段）师生合唱："红尘自有痴情者，莫道痴情太痴狂……看人间多少故事，最销魂梅花三弄。"

老师：歌词中"问世间情为何物，只叫人生死相许"一句中"情"的含义是什么？

学生：（腼腆地笑，齐答）爱情。

老师：爱情，成为人们演绎的一幕幕或悲或喜的故事，也成为社会生活中一道道绚丽多彩的风景线。中学生在语文学习中，既要有基础知识的把握，更要找到课本与社会生活中的结合点，通过学习课本来关注社会现象，今天我们以一种严肃的态度关注社会现象。所以，我们先思考一个问题：爱情是什么？

老师：其实每个人对爱情的感悟、理解都不一样，成人们都试图在自己的生活中找到一个满意的答案，今天，我们欣赏当代女诗人舒婷一首《致橡树》，希望

欣赏后能得到一些启发。（鼠标点按动画字幕）致橡树 舒婷

二、诗歌赏析

（一）整体把握、宏观欣赏

1．老师：欣赏诗歌要在诗人设置的意境中品味把握意象，而品味又离不开朗读，请同学们首先欣赏配乐配画的诗朗诵。

学生：（随着诗朗读而进行第一遍欣赏，专注、投入。）

2．老师：听别人朗读仅仅是欣赏的开始，我们需要自己去读、自己去品，下面我们分部朗读：（分部朗读，主要目的是让学生初步品味全诗的情感，并且对橡树、木棉的象征意义有初步的把握、领悟）

3．老师：从自读提示中可知，本诗可以理解为表现诗人爱情观的，按这一理解分析，诗人一开始就用意象表明了她的爱情观吗？

学生：不是。

老师：诗人开始对某些爱情观持否定态度，然后用意象来表现自己的爱情观，这自然将诗分为两个诗节，分在何处？

学生："不，这些都还不够！"

（二）第一诗节赏析

1．老师：请全体同学朗读第一诗节。

2．老师：诗歌赏析需讲究方法（鼠标点按动画字幕）。

3．老师：请找出第一诗节的意象，它们依次是什么？

学生：凌霄花、鸟儿、泉源、险峰、日光、春雨。

4．老师：诗人通过六个意象表达了诗人什么样的情感？

[学生对此问题自由交流、讨论。先同桌交流，相互启发，刺激思维得以扩散，在相互交流中不断完善自己的观点，最后用口语组合表达出来，以求训练学生的思维能力、表达能力，在此可以刺激学生的创新思维，培养他们创新能力，最后老师适当总结。]

学生甲：……

学生乙：……

老师总结：两位同学将诗与诗人、诗与现实生活联系起来，融会贯通，真不错。同学们不仅领悟到了诗中的意象内涵，而且还弄清了诗人持否定态度的原因，我为你们鼓掌。（鼓掌）

5. 老师：诗歌的意象塑造借助语言，而语言的表达又讲究技巧，试分析第一诗节中语言表达上运用了哪些技巧？

学生：运用了排比、比喻、象征、对偶。

老师：同学们回答不错。我们先欣赏比喻，六个意象六个比喻，我们只选一个赏析，其余的由同学们课余去品味。

……

三、寻找诗歌和现实生活的契合点，思辨训练

1. 老师：诗人向我们表达的是一种爱情观，而当代人对爱情的诠释还有多种观点，下面请同学们跟着歌碟唱两首歌——《过把瘾》、《牵手》，思考他们反映的爱情观。

学生：（随着音乐旋律唱起来。）

2. 老师：有人希望爱得腾云驾雾，爱得天翻地覆，爱得轰轰烈烈，爱得迷迷糊糊；有人歌唱在爱的路上牵手走过春夏秋冬，在相敬如宾中品味人生的酸甜苦辣，爱其所爱，无怨无悔，联系歌碟内容和诗歌内容，谈谈你的感受。

思考与讨论：将歌碟内容和诗歌内容进行比较，谈谈你的感受。

学生甲：……

学生乙：……

学生丙：……

老师：同学们都跃跃欲试，同学们的发言相当精彩，给我的启发很大。虽然有些同学的观点还有待完善，有些观点还不够辩证，但作为我们中学生这种对人生的思考、对社会的关照、对社会现象的研究的方法是值得提倡的，我认为也是学习语文的好方法。

四、诗歌主题的引申

老师：同学们，我们说"诗有百解"，"一千个读者有一千个哈姆雷特"，即是说对诗的理解往往角度不同，其感受也是不同的。根据自读提示和创作背景，对

本诗还有不同的理解。本诗写于 1977 年，当时正好是在"文革"后，对"文革"中人性扭曲、等级明显的社会现象的反思，女诗人回想几千年来中国妇女总处在男尊女卑的生存状态下，以饱含情感的笔触，用内心独白的方式向世人宣告女性是独立的，与男性是平等的，应该与男性公民一起创造美好的生活，所以本诗可以理解为女性的独立宣言；如果将诗中的"爱"由男女之爱推而广之理解为人与人之间的爱，本诗还可以理解为每个人都应该是单独的个体，在人格上是平等的、独立的，人与人之间应该相互帮助、相互协作、相互依存，应该建立良好的和谐的人际关系，请同学们课后思考下面的问题……

（资料节选自苏教版高中语文教学网：http://www.oldq.com.cn/rjbgz/yuwen/ktsl/200510/6768.html）

这则教学案例主要利用讲读法引导学生深入阅读材料，体会文章意境，挖掘诗的内涵，培养学生正确的情感、态度和价值观。这节课有很多值得称道的地方。首先，充分发挥了讲读法的优势。讲读法通过师生双方诵读与讲解教材，借以传授和学习知识，有讲有读，讲读结合。从整体把握、宏观欣赏，到细节分析、分配朗读，边读边赏，边听边想。第二，教师的话语幽默而深刻，生动形象，富于启发性。由诗人情，由情入理。比如老师用歌词（《梅花三弄》）引出主题，用比喻诠释抽象的情感，多给学生鼓励肯定的评语（"真不错""我为你们鼓掌""同学们的发言相当精彩，给我很大启发"）。第三，使用多媒体辅助教学，增强讲读式授课的效果。配乐朗诵引人入胜，歌曲欣赏烘托主题，动画字幕便捷高效。

【相关链接】

1. 欧阳芬总主编，胡青、赵凌、肖军主编. 有效教学的基本功 2——新课程下中小学教师讲授技能指导 [M]. 北京：世界图书出版公司，2009.

2. 杜和戎. 讲授学：让人变得更聪明的学问 [M]. 北京：华语出版社，2007.

3. 刘丽萍、石鸥. 课堂讲授策略 [M]. 北京：北京师范大学出版社，2010.

4. 严先元. 讲授的技巧 [M]. 成都：四川大学出版社，2010.

【要点回顾】

本章首先介绍了讲授法的概念——亦称"口述教学法"，教师通过口头语言向学生传授知识的教学方法。讲授法具有高效性、灵活性和基础性的特点，包括讲述、讲解、讲读、讲演四种方式，具有宜于传授基础知识、适于班级教学、利于发挥教师作用、教学内容集中、信息密度大、系统地传授知识等优势，同时具有知识来源单一，信息传递单向，难以顾及学生的个体差异、因材施教，受教师的个人能力以及专业化程度的限制等局限。在新课程背景下，讲授法有其实施的必要性与可行性。讲授法自身的特点、当今的时代要求及我国的基本国情决定我们对待讲授法要保留、发展、完善而不是抛弃、放弃、嫌弃。讲授法的教学步骤主要由五段教学法演变而来，即复习旧课——激发学习动机——讲授新课——巩固练习——检查评价——小结。在具体实施过程中，要注意讲究课堂语言的启发性、艺术性和趣味性，把握讲授内容的科学性、思想性和系统性，注意与其他教学方法的融合，恰当运用板书、板画、多媒体、演示、实验等辅助手段。

【思考题】

1. 名词解释：讲授教学法

2. 讲授教学法的基本特点有哪些？

3. 与其他方法相比，讲授教学法有哪些突出优势？又有哪些不足和局限？

4. 简述讲授教学法的基本步骤。

5. 新课程背景下，讲授教学法为什么仍然被广泛应用？

6. 新课程背景下，如何恰当有效运用讲授教学法？

第三章 基于新课程的问题教学法

案例导入

英语阅读课上，张颖老师在领同学们学习"The Boy and the Bank Officer"这篇课文。在总结关于银行的用语时，张老师抓住时机扩大学生的知识面，问了一系列问题："中国建设银行怎么说？""ABC 指哪家银行？""中国银行是 Chinese Bank 还是 Bank of China？"同学们或异口同声或七嘴八舌，在老师或肯定或纠错的反馈中得到了正确答案。最后老师问："那么光大银行呢？"同学们被问住了，默不作声地期待老师直接告诉正确的翻译，可是老师却放下这个问题继续讲其他的内容了。这个问题却留在王丽同学心中放不下了。每次上街她都在寻找光大银行的影子。最后她不仅通过实地观察找到了答案，还养成了关注生活中各种机构单位英文翻译的习惯，积累了大量词汇。几年后，她做了教师，在教自己的学生时也经常使用这种不经意间留点问题留点空白的教学方法。

上面这则经历无疑说明了这样一个道理：好的问题是点亮学生求知热情的明灯，是激发学生学习潜能的源泉。

第一节 问题教学法概述

问题教学法已成为我国中小学课堂教学的主要方法之一。在新课改背景下问题教学法被赋予了新的内涵。但遗憾的是很多教师对此缺乏认识，甚至对问题教学法存在理解片面、歪曲现实的做法，认为问题教学法就是简单对学生的提问，而对问什么、怎么问等具体实施过程缺乏必要的认识。所以要用好这种教学方法首先要了解其概念界定、基本特点、主要方式，认清其优势和局限。

一、概念界定

问题式教学法最早可以追溯到古希腊学者苏格拉底的"精神助产术"。所谓"精神助产术"，又称"产婆术"，就是以问题为主要交流方式使对方陷入无法解答的矛盾中，并使对方承认自己的无知和问题有价性，然后启发、引导学生通过自己的思考，总结、归纳出概念、定义等掌握知识经验的过程。

在我国，问题教学法也是较常用的教学方法之一。中国自古就有"学问"之说，"问"是"学"所不可或缺的途径。通过"问学"而收获"学问"。问题式教学法作为启发式教学法的一种，遵循建构主义理论（学习者利用已有知识和经验主动构建新的认知图示，完善认知结构，实现有意义的学习），也符合新课改精神。在实际课堂教学中，问题教学法以问题为中心，以解决问题为过程和目标。教师以教材为依据，通过情境设置问题，学生通过对问题的思考与解答，促进新旧知识之间、理论与实践之间的冲突和融合，最终实现知识的主动建构。

综上所述，所谓问题教学法是指在课堂教学中，教师从学生的认知规律和实际出发，将课堂中所要完成的教学任务以问题的形式呈现，通过创设特定的问题情景，合理地设计问题，巧妙地提出问题，利用学生的好奇心与求知欲，引导学生在思考、解决问题的过程中，培养学生自主学习、主动获取知识及创造性地解决问题的新型教学方法。

二、基本特点

依据新课程功能和新课程实施的目标，问题教学法被时代赋予了新的内涵。针对新课改中出现的新情况、新问题，问题教学法发挥着不可替代的作用，体现着鲜明的时代特征。

（一）启发性

问题教学法以问题为主线组织课堂教学，区别于传统的"接受式"教学法。

问题教学法改变了忽视学生学习主动性的静态教学观，关注新知形成与接受的过程，提倡动态、生成性教学观，具有启发性特征。问题教学法的教学活动不能简单地理解成以问题作为开端和主线，以问题的解答、教学目标的实现为最终评价方式。成功的问题教学法应是在解决问题的基础上启发学生对更多、更广泛新问题的思考，使教学活动超越客观现实局限。而且更重要的还在于具有启发性的问题能最终把学生引上创造之路，进而成为学习上的创造者。

在实际教学中，教师可以根据学生的知识经验水平、身心发展阶段和学科知识特点，结合学生的生活经验和兴趣点，合理设计课堂问题，通过学生对问题的积极思考与探究，培养、提高学生的思维水平。另外，教师作为教材的研究者、课堂教学的组织者、指导者、参与者，在设计真实的、具有挑战性的问题与问题情境中为学生解决问题提供帮助。教师在支持学生学习的过程中也能达到对自身教学的反思与调控，加深对教材的理解。总之，根据课堂实际需要灵活地运用问题教学法，能够启发教师的教学思维，激励教师采取更有效的知识传授方式，从而让师生"积极互动、共同发展"的新课改理念得到全面的贯彻和体现。

（二）实用性

传统的教学方法过分强调知识传授的系统性、正规化，教师以知识经验的传授为根本出发点和归宿点，不考虑学生的接受能力与特点，容易造成教学理论与实践相脱节。而问题教学法不拘于常规，不强调知识的系统性，在课堂教学中可以打破教材中知识编排顺序的限制，抓住能够帮助学生理解、接受知识的关键问题，引导学生积极思考；在实际实习、实践中还能着重对学生在实际生活中的疑问进行富有针对性的教学，实用性强。这也特别适合于较高年级的学生，有助于培养他们的归纳、比较、概括等综合能力，提高自主学习能力。

案例一　法国大革命和法兰西第一帝国

教师在上课后给学生一定的时间通读教材并思考：

法国大革命爆发的历史背景是什么？君主立宪派、吉伦特派、雅各宾派各采取了怎样的措施巩固自己的统治？法国大革命有什么历史意义？拿破仑为巩固法兰西第一帝国都采取了哪些措施？

通过学生对如上问题的解答，教师通过引导，帮助学生完成对基础知识的识记与掌握，培养学生自主学习的能力。然后让学生思考并讨论如下问题：

法国大革命必然性的成因是什么？英、法、美三国早期的资产阶级革命在必然性和进步性方面的相似之处是什么？同时期中国处于什么样的社会历史时期？为什么在当时中国没有爆发像法国一样的"大革命"……

（资料来源：陈爱．课堂改革与问题解决教学 [M]．北京：首都师范大学出版社，2010．）

本课是高二历史上学期的内容。对于高二学生而言，思维已经具有一定的逻辑分析能力。在教育教学中应注意对学生独立思考分析能力的培养，关注学生自我知识体系的构建和归纳、演绎、推理等能力的发展。该案例清晰地体现了问题教学法的实用性，在教学活动中能够突破教材中知识编排顺序的限制，通过问题设置拓展学生的思路，提高认知水平。另外，问题教学法打破了常规教学中教师主宰课堂的沉闷气氛，凭借问题点调动学生学习的积极性，使教与学融为一体。

（三）主体性

第一，以往的教学大都以教师为中心，学生处于被动接受的地位；而采用问题教学法的课堂是要把学生置于课堂学习的主体地位、主动学习的一方。教学设计中问题的呈现、分析和解决等都考虑学生的需要，课堂以学生为中心，围绕学生而展开。离开学生积极主动的参与，问题教学就失去了意义。问题教学法在充分肯定学生主体地位的前提下，把学生当作实践和接受知识的主体而不是被迫灌输知识的容器，采取平等、民主、活跃的问答形式使课堂教学成为师生双向参与的、富有生机的学习过程。

第二，分层次的问题设置体现因材施教的原则。问题教学法对不同能力层次、不同学习风格的学生采取不同的问题呈现模式，保护了学生的独立人格，强化了学习动机，逐渐培养学生独立思考的能力和习惯。在教学过程中，在强烈的问题动机驱动下学生进行自主探索和互动协作的学习，并在完成既定任务的同时，获得新知。

（四）双向性

教师和学生作为教学活动的双方，在问题教学过程中共同参与问题的提出、分析、讨论、解答等环节，改变了教师"以讲为主，以讲居先"的格局。学生的自学能力和积极探索精神的培养和锻炼得到关注。课堂教学活动成为师生双向参与的、生动活泼的过程。根据新课程标的要求，教学在完成既定教学目标的前提下更应关注学生情感、态度、价值观的生成与培养，更应关注人文教育。问题教学法不仅关注学生用理性思维探求新知的能力，更注重通过培养学生的情感来完善人格，强调满足学生的学习期望，强化学习动机，形成良好的乐学、自学循环。

（五）自主认知性

马克思主义认为自然界是客体，人是主体，主观性是从客观世界的角度揭示人由受动变为主动、能动的特征。秉承新课改理念的问题教学法以培养学生自主意识和主动性为基本特征。问题教学有助于刺激学生思维，培养学生独立思考能力和创新精神，通过自我提出问题、解决问题实现自主学习。问题能够激发学生主动寻求资源，寻找解决之道，无形中使学生养成勤于思考、善于思考的习惯，增强自我意识和自我反思的能力。

三、主要方式

在实践中，问题教学法的正确使用与合理实施是实现素质教育的重要保障。课堂操作中问题教学法主要表现为问答型问题教学法、发现型问题教学法、教学对话以及课堂讨论四种方式。

（一）问答型问题教学

问答型问题教学，顾名思义就是教师在教学过程中起主导作用，通过提出问题引导学生回答的形式使学生掌握教学内容、实现教学目的。教师要考虑学生的认知水平和接受能力,合理设计问题,由易到难,层层递进。要避免问题太难而失效,也要避免问题过于简单而无助于学生思维的锻炼。

(二)发现型问题教学

在发现型问题教学中,教师是学生学习的辅助者、参与者,教学过程关注知识和能力及相关品质的形成。与接受学习相对,在发现型问题教学过程中,教师的主要任务不是通过问题的设置帮助学生接受即成的知识,而是提供发现知识的条件。根据教师在此过程中所起的不同作用,发现型问题教学法又可分为以学生已有经验为出发点,提出假设、验证假设的"体验发现型问题教学法";由教师提出学习课题,提供验证假设的资料、方法等的"指导发现型问题教学法";还有整个过程由学生独立进行,教师只起辅助作用的"独立发现型问题教学法"。

(三)教学对话

教学对话是问题教学法的基本方式之一。教学对话是教师通过提问的形式激励学生积极思考,主动获取知识和技能,发展能力,形成健全人格。区别于课堂讨论,教学对话主要是在教师与学生之间展开的交流过程,是以教师引导为基本特征,根据一定的教育教学目的,有计划、有组织的教学过程。教学对话首先要保证教师同学生的民主平等地位,避免教师过分干预与控制,否则会导致教学对话失真,失去刺激学生思维与自由表达的作用。教学对话能够有效地实现学生与教师的情感沟通,有效地帮助学生完成学习认知。

(四)课堂讨论

在实际教学中,很多教师对课堂讨论存在误解,认为课堂讨论就是由教师提出一个具有固定答案的封闭式问题,然后组织学生针对这个问题进行讨论。但事实上,问题的封闭性特征容易导致讨论僵化。真正的课堂讨论应该是指向特定目标的、认真的、结构化的各自观点的交换。这就要求问题的设置应具有一定的开放性,使学生能够建立起对这些问题的思考,而不是按照教师设定的模式死板地接受或者获得复述实施性的信息。课堂讨论应该是开放式的讨论模式,师生之间、生生之间能够自由地表达观点，教师的角色也从学习的指导者过渡成为学习的促进者或者引导者。根据对象和形式，课堂讨论可以分为全班讨论、小组讨论、头脑风暴。不论哪种形式，都需要教师首先了解学生对问题的认识角度，并及时对问题的解决状况进行反馈和评价。

课堂讨论以问题为讨论中心与主线，突破了师生交流的局限，教师、学生的思维复杂地交织在一起，是一种集体思维的过程。课堂讨论能够使学生自由表达想法，活跃思维，相互补充，相互修正，形成共同解决问题、共同获得知识的过程。但课堂讨论对教师对课堂的操控能力提出了更高的要求。学生也要形成良好的课堂习惯与规范，防止讨论进入混乱的状态，保证课堂讨论效率。

四、优势与局限性

（一）问题教学法的优势

1. 保证教学的有效性和流畅性

问题是问题教学法的主线，教师通过适当把握提问时机，保证有效教学的实现。在学生注意力不够集中、学习兴趣不强时，教师可以通过提问集中学生注意力，保证知识传输质量。另外，针对重点、难点、关键点设计的问题能够帮助学生更好地理解接受学习内容。在思考、分析问题时，如果学生的思维发生障碍，无法突破个体认知经验或思维定势的影响，而使正常的教学无法进行时，教师可以通过及时提问，引导学生及时排除思维障碍，保证在有限的课堂时间内教学按计划顺利进行。所以，适合时机的提问能够保证教学的有效性和流畅性。

2. 激发学生的非智力因素

现代社会，单纯获取知识、以应试教育为主要目标所培养出的"两耳不闻窗外事，一心只读圣贤书"的"人才"早已被时代、社会所淘汰。根据新课改的要求，教育教学除了要教授学生知识，更要注意学生情感、态度、价值观等整体素质的培养。问题教学法在实施的过程中特别注意学生自身的情感体验和积累，为学生形成符合社会主义要求的价值观奠定基础。当前，中小学教育教学中所出现的学生感受力、审美能力降低，缺少好奇心和探究欲等一系列问题都在某种程度上与我们的教学过于强调知识本位、忽视情感体验有关。从前文所述的特点和主要方式来看，问题教学法在保证完成认知目标、能力目标的前提下，兼顾情意目标，使学生在接受教育的过程中潜移默化地摆脱以自我为中心，增强集体协作意识，形成健康的情感、态度、正确的价值观、健全的人格。

3.培养学生的思维能力

教师通过问题教学法将教学内容转变成针对性、启发性强，且具有逻辑性的问题来讲授。学生在教师的指导下对问题进行思考、分析。学生是整个学习的主体。这种教学方法会优化学生的思维方法，有利于学生思维能力的提升。

4.破解认知矛盾，提升学习热情

"矛盾"可以简单地理解为在两个或更多陈述、想法或行动之间的不一致。问题教学法实质上就是通过问题摆出矛盾，造成学生原有的认知经验与解决问题所需新知识的不一致性。这种不一致性（问题）能促进学生知识经验的重组，激发他们思维和学习的热情，调动学生的积极性。另外，恰当的问题还能有效地吸引学生的注意力，有利于维护良好的课堂秩序，保证了高效教学的实现，确保教师的主导作用与学生主体得到最佳发挥。

（二）问题教学法的局限性

由于问题教学法本身的特点和优势符合新课程改革理念，教师在实际教学中也比较倾向采取此法。但随着教学的深入开展，其弊端也会逐渐暴露。

1.消耗较多的时间和精力

采用问题教学法要求教师能够创造出完善的课堂组织策略，无形之中会加重教师的课业负担，消耗更多的时间与精力。教师受学生升学率、教学成绩等外在客观因素的影响，容易继续套用熟悉的传统教学模式，刻板追求教学目标，盲目提高教学效率。此外，问题教学中包含很多不确定因素，如学生思维的拓展程度、教学过程的生成性特征、问题情境的不确定性等，这些都要求教师对问题教学法有全面深入的了解和强烈的认同感，做好迎接各种问题和困难的思想准备，同时需要做出更有效的时间分配和安排。

2．问题的有效性难把握

如何提出有价值的问题，如何处理教学中生成的新问题，是个比较难把握的问题。由于对新课程背景下问题教学法的理念、内涵的认识存在误解与偏差，有些教师认为问题教学法就是完成教学目标、呈现教学内容的工具。更有甚者认为问题教学法就是不分轻重巨细，一问到底。这样低效甚至无效的假问题不仅没有达到教学目标的要求，反而更浪费了课堂教学时间，不利于学生思维能力的发展，反而容易让学生形成不善动脑、思维懒惰的恶习。因此，在保证问题设置围绕教学目标的同时，还要注重问题设计的巧妙性，避免无效问题与假问题，避免采用问题教学法的课堂成为问题课堂。

3．教学评价存在问题

评价是学生经过一定阶段的学习，教师对学生是否完成学习任务以及完成程度的检验。评价不仅是检验学生学习结果的工具，也是对学生在学习过程中所遇到问题的反馈。一方面，评价便于教师根据实际情况合理地调整教学策略；另一方面，评价也有利于指导、激励学生的后继学习。目前，我国的教育体制仍然没有摆脱应试教学的束缚，很多中小学教育工作者仍然把教学目标的实现、教学任务的完成与考试通过率、学生升学率挂钩，对问题教学法缺乏适时有效的评价。另外，在评价中只关注表面的知识技能掌握，忽略了内在情感、态度等人文素养评价；强调问题解决的结果评价，忽略了问题解决过程的评价；教师重视对学生正确答案的评价，忽略了对错误、欠佳回答的评价。如此单一的评价方式阻碍了问题教学法的大力推广，不利于新课改理念的具体实施。

4．知识传授缺乏系统性

问题教学法以问题为主线，教师、学生通过双向互动的形式在问答过程中完成知识经验的传输。这种教学方法虽然有利于培养学生独立思考、主动探索的精神，但相比传统教学法，问题教学法的实施在很大程度上取决于学生已有的知识经验和智力水平，通过启发性思维所获得的知识缺乏系统性，不利于学生对整体知识体系的了解。

第二节 新课程背景下问题教学法的实施

一、实施的理论基础与现实意义

随着新课程改革的开展和实施，问题教学法的优势已日渐凸显，并成为革除传统教学弊端的手段之一。在当前环境下，实施问题教学法有其深厚的理论基础和现实意义。

（一）问题教学法的理论基础

1. 认识论基础

问题教学法的认识论基础是马克思列宁主义认识论和反映论。实践产生认识的需要，推动认识的发展，检验认识的效果。学习活动也是一种认识活动、思维活动。思维起于实践活动中遇到的疑难。人们认识事物的过程就是分析解决疑难的过程，以实际生活为基础创设特定情境，引导学生从中发现问题，提出一种或多种假设，最后通过调查研究讨论等活动论证假设的效果。设计教学过程就是以这个过程为基础的，其中处处离不开师生主观能动性的充分发挥。

2. 认知心理学基础

问题教学法最重要的认知心理学基础是建构主义。建构主义教学观的主要观点在于知识是通过在真实的环境里、由专业与非专业人员的合作伙伴式交流共同建构起来的意义，是基于特定的风俗习惯、价值观和文化实践而构建起来的意义，同时也是个体在自身经验的基础上建构起来的意义；学习是在社会生活中获得认识，并在运用工具及其过程中获得技能的过程，是通过观察、模仿或相互交流提高解决问题的能力的过程，其目的是适应环境；学生是知识建构、技能开发的参与者，是有关社会文化问题的解决者，也是观察者和模仿者；教师是在有价值的文化活动中、在问题解决过程中、在实践活动中指导学生学习的人，是技能更高的合作伙伴，常常提出问题，构建情境，同时对学生的能力和兴趣敏锐地观察。简言之，建构主义认为知识是手段而不是目的，学习是学习者自行建构知识的过程，而不是外部灌输的结果，学生是解决问题的主体，老师是水平更高的帮手，师生关系更像是师徒关系。

3. 系统论基础

问题教学法的系统科学基础主要以系统论、控制论和信息论来解释问题教学过程。问题教学理论创立者前苏联教科院院士马赫穆托夫用控制论描述了问题教学过程，强调问题教学是一个复杂的系统（体系）。在问题教学的师生系统中，老师和学生是主体，老师控制着学生和学生的活动，而学生的活动还受自己内部指令驱使，可见，问题教学系统有自控系统的特征。从控制论的角度来看，问题教学的周期是：指令（教师创设问题情境）——完成指令（学生概述问题，提出解题假设）——反馈（包括外部反馈和内部反馈）——新的指令（下一步该怎么办）。

（二）问题教学法的现实意义

1. 顺应时代和社会发展的需要

问题教学法是顺应时代的需要而产生的，是一种先进的教学方法。它的进步意义在于以发展学生思维的独立性和创造性为宗旨，以培养有效的问题解决者为终极目标，教育出一批符合新科技革命需求的人才。科技化、信息化迅速发展的时代需要能从各种渠道获得知识、独立发现和研究新知识、并善于在实际中运用知识解决问题的人才。市场经济和知识经济需要具有竞争意识、合作意识、民主意识、创新意识的人才。培养这些品质的途径，就是让学生参与发现问题、回答问题、完成任务等积极的创造性的认识活动和智力活动。新世纪人们对人才的评价标准已突破智力一元论，多元智能理论在教育目标上开辟了更广阔的视野。"素质教育"、"以人为本"、"全面发展"等理念是时代发展的要求,是教育改革的方向,也是问题教学法的任务。

2．符合我国基础教育改革的需要

"问题解决"走进教学领域,其在智能开发方面的特殊作用已在世界范围内的教学改革中产生了广泛影响。问题教学法符合我国教学改革的基本思路,有利于实现我国基础教育课程改革的具体目标。它是攻克传统教学顽固堡垒的有力武器。培养有效的问题解决者就是实现新课程重视基础知识、基本技能及情感态度价值观等各方面全面发展的综合课程目标。开放式的问题教学就是打破学科本位、缺乏整合的状况,实现新课程结构改革。面向实际生活的问题教学就是改变"难、繁、偏、旧"和脱离学生生活以及现代社会和科技发展的课程内容。问题教学对智能开发的隐性作用就是挑战死记硬背、机械训练的现状。问题的提出激发学生的学习兴趣,问题解决的过程就是学生自主创新、合作探究的过程,对问题结论的评价更注重过程而非结果。

3．实现师生互动发展的需要

具体来讲,问题教学法对学生而言,有利于改变学生被动听讲、机械记忆的状态,鼓励学生积极、主动地思考;培养学生发现、分析和解决问题的能力,自学的能力和创新的能力;为学生提供锻炼能力的机会和发挥才能的平台,有利于学生个性、特长的发展。"教是为了不教",问题教学法最大的现实意义是教会学生掌握正确的学习方法和科学的思维方法。

对教师而言,问题教学法突出强调了"师者,传道、授业、解惑"中的"解惑"功能,把"解惑"看作"授业"和"传道"的手段。问题教学法通过师生对问题的提出和讨论进行互动,教师得到学生的实时反馈,增进教师对学生的了解;把问题解决在课内,提高课堂教学效率。

二、实施的基本条件

问题教学法实施的三大要素是:问题、主体和教学目标。这三方面要素符合一定条件才能有效实施问题教学。

（一）问题是实现教学目标的重要依托

提问是教师最重要的语言活动，是教师全部教学技能的一个重要组成部分。在问题教学课堂上，问题可以表现为一个"疑问句"，可以是一项任务，也可以是一个矛盾情境；问题的形式不是单一的，而是系列的；问题的内容要真实有意义，符合教学目标，有利于把学习活动自然地融入到问题解决任务当中。值得注意的是，提问的可以是老师，更可以是学生。

马赫穆托夫指出，课堂上的提问是学习性问题的语言表达形式，但不是任何提问都包含问题，问题应该具有问题性——无论是肯定回答还是否定回答，都需要证明和思考才能回答。问题的提出分为分析问题情境、看出问题的实质、用语言概述问题三个阶段。教师有意地创设问题情境，组织学生开展探索活动，引导学生分析情境，发现实质，最后用自己的语言表述问题，并解决这些问题，这是高水平的问题教学。而由教师自己提出这些问题并解决它们，在此同时向学生说明在该探索情境下的思维逻辑，这是低水平的问题教学。总之，问题是课堂上师生互动的关键要素，是问题教学的核心。

（二）问题教学法强调学生的主体地位，教师的主导作用

问题教学法是以学生为中心的教学方法。首先，尊重学生的个体差异，承认他们本身有着丰富的千差万别的经验，教师根据学生已有的经验进行教学，因材施教，为学生搭建思考的平台，这个平台就是问题情境。其次，教学目标不是靠教师的单项传授实现，而是通过学生积极主动的参与合作探究活动实现的。学生获得的不仅是显性的知识，更是隐性的能力。最后，教师的角色从知识权威变为平等的参与者。创设开放性的问题，可以使学生投入真正意义上的创新活动之中。教师要和学生站在同一起点，合作解决问题。可以说教师既是学习活动的指导者，也是观察者和参与者。同时，问题教学法允许教师同行之间存在认知上的冲突。总之，问题教学是开放的、民主的，充分体现学生主体和教师主导。

（三）问题教学法的教学目标是培养有创造性的实际问题解决者

要使学生在掌握基础知识基本技能的同时，掌握解决问题的方法，提高解决

问题的能力，培养创新精神，塑造健全的人格，这与我国新课程三维课程功能的理念是一致的。问题教学法的知识目标更多的是靠学生亲身实践去发现和实现的；学生的科学探究能力和科学精神是在教师的指导下，通过科学探究活动得到提高和培养的；学生的独立性和合作性是在小组活动、师生互动中逐渐增强的；学生的情感态度和价值观是在对社会生活实际问题的观察和探索中得到正确引导的。

三、实施的基本步骤

关于问题教学法实施的基本步骤，国内外出现过多种教学模式。

20 世纪初，杜威把他的问题教学思想发展为五步教学法：

疑难的情境——开始意识到难题的存在；确定问题——问题的出现促使学生进一步进行探索，确定问题；提出假设——收集材料并分析整理，提出假设；推理——接受或拒绝试探性假设；验证——通过实践验证假设是否正确，形成和评价结论。后来杜威把五步教学法修改为"暗示——问题——臆说——推理——试证"。

20 世纪 60 年代中期前苏联马赫穆托夫提出问题教学过程的五个阶段：(1) 产生问题情境；(2) 分析情境并提出问题；(3) 解决问题（或试着用已知方法解决问题，或以提出假想的方式探寻新的解决方案，或者通过猜测寻找新的解决方法）；(4) 以两种方式实施寻得解决原则（或者论证假想并进而证明，或者顿悟，即直觉）；(5) 检验解法。

当代美国教育家提出"选择问题——明确问题——寻找线索——解决问题"模式。前苏联教育家巴班斯基提出"创设问题情境——组织集体讨论——证实结论——提出问题作业"。

在新课程背景下，国内对问题教学的研究和应用逐渐兴起，根据不同学科的特点和相同学科的不同课型，创立了多种多样的问题教学法的实践模式。例如：

1．感知——问题——释疑——评价——练习——验收

2．质疑——思考——研讨——评价——练习——矫正

3．激趣——问题——启发——讨论——评价——训练

4. 问题——假设——论证——练习——检查——补救

5. 自学——解疑——练习——自评——反馈——矫正

6. 问题——探索——报告——答辩——评价——总结

下面通过一则教学案例介绍问题教学法的基本步骤。

案例二　高中地理课《月相》教学案例

（设置情境）师：同学们，大家都学过唐朝著名诗人张继的一首脍炙人口的绝句《枫桥夜泊》，大家还记得吗？

生（齐背）：月落乌啼霜满天，江枫渔火对愁眠。姑苏城外寒山寺，夜半钟声到客船。

（提出问题）师：我们知道，诗人写这首诗的地点是位于今江苏苏州城外的江船上，听着寒山寺的钟声。那么具体是在什么时候呢？

生：是一个打霜的半夜，估约是腊月的晚上十二点左右吧。

师：但具体日期应该是什么时候呢？

（学生讨论问题。小组讨论，查阅课本，看黑板上的示意图，给出自己假设的答案）

（分析问题）师：大家的想法对不对，听我解释之后再判断。月球是宇宙中距离地球最近的星球。月亮圆缺的各种形状叫做月相。由于日、地、月三者的相对位置不断变化，因此，地球上的观测者所见到的月球被照亮部分也在不断变化，从而产生了不同的视形状。请大家看黑板上的这幅"月亮成因示意图"……通过分析，我们可知，当月球运行到上弦月位置时，时间大约是初七八，此时，站在地球上的人在正午时（理论上）刚好看到月亮出现在地平线上，这就是月升。到了半夜时，月球又位于西天的地平线上，再过一会儿就看不见了，这就是月落。这样我们就知道，诗人张继于半夜看到月落，应该是——

（解决问题）生：当月的初七八左右。

（得出结论）师：非常正确。以此类推，我们可以得出四种月相的升落时间。我们一起填好下面的表格吧。

月相	同太阳出没比较	月出	月落	夜晚见月情形
新月	同升同落	清晨	黄昏	彻夜不见
满月	此起彼落	黄昏	清晨	通宵可见
上弦月	迟升后落	正午	半夜	上半夜西天
下弦月	早升先落	半夜	正午	下半夜东天

（理解应用）师：下面，请同学们分析一下，宋代的著名词作家、号称"白衣卿相"的柳永《雨霖铃》一词中"杨柳岸，晓风残月"的大致日期。

生：月亮在清晨时分落下，应该是满月前后。

（资料来源：欧阳芬总主编，胡青、赵凌、肖军主编.有效教学的基本功2——新课程下中小学教师讲授技能指导[M].北京：世界图书出版公司，2009.）

上面案例所使用的基本步骤是：设置情境——提出问题——讨论问题——分析问题——解决问题——得出结论——理解应用。利用学生耳熟能详的诗句设置情境，提出问题，引发讨论，然后教师通过讲解，帮助学生分析问题，找到答案，接着师生共同完成知识总结，最后理解应用的步骤必不可少。

需要注意的是，问题教学法也是一种教学理念，把它运用到实际教学过程中，不必教条地遵循某种模式。总的来说必须有设置情境、提出问题、分析问题、解决问题、扩展应用这几个步骤。关键是要把问题驱动、学生主体、教师主导、师生合作的理念渗透到教学环节中去。

四、实施的注意事项

第一，师生都要树立问题意识。

首先，教师必须树立问题意识。古今中外的学者很早就意识到"问题"在教学中的功效。苏格拉底的"产婆术"就是通过问题启发学生积极思考、自行"生"出结论的教学方法。爱因斯坦论说："提出一个问题往往比解决一个问题更重要，因为解决问题也许仅仅是一个数学上或实验上的技巧而已，而提出新的问题，新的可能性，从新的角度去看旧的问题，却需要有创造性的想象。"[1] "教学的最终结果绝不应当是用传授知识完全消灭问题，而应当是在初步解决已有问题的基础上

---

[1] 爱因斯坦.物理学的进化[M].上海：上海科学技术出版社，1962：59.

引发更多更广泛的新问题，这些新问题的意义，不仅在于它能够使教学活动无止境地进行下去，而且更重要的还在于它能最终把学生引上创造之路，进而成为创造者。"[1]教师是否具备问题意识和提问技巧是决定问题教学法能否成功的关键。教师要了解提问的功能，把握提问的原则，掌握提问的策略，一方面要在创设情境上下功夫，另一方面要在提问技巧上多思谋。

其次，要培养学生树立问题意识。美国著名教育学者布鲁巴克说："最精湛的教学艺术，遵循的最高准则，就是学生自己提问题。"课堂上简单的一问一答不是问题教学法，直接告诉学生答案也不是问题教学法。问题教学法注重的是学生"学——疑——思——释——怡"的过程，就是学生问题的形成和培养过程。除了在学生内心中引起疑问，还要鼓励学生大胆提问。学生的提问不仅能帮助老师查漏补缺，还往往能激发群体的学习动机，引起思辨。

案例三 《我的战友邱少云》

孙老师在常熟上的一堂观摩课《我的战友邱少云》。第一课时，孙老师让学生自读课文五分钟，然后提问。一个善于思考的女孩提出了三个非常好的问题，问题一是：战士们纹丝不动，"我"又怎么好扭转头？问题二是：火在我们身边蔓延开来，为什么只烧到邱少云，而没有烧到"我"？问题三是：邱少云被火烧死只有我们身边的几个人知道，为什么最后冲锋的时候大家都高喊"为邱少云同志报仇"？遇到这样一位"爱钻牛角尖的学生"，孙老师没有显得不耐烦。他先是好好表扬了这位爱动脑筋的女孩，继而鼓励大家通过自己对文章的理解来帮他解答。在学生讨论的过程中，孙老师肯定了学生好的思考方法，对理解的难点进行了适当的引导与启发，使学生在问题中获得启示。

（资料来源：http//blog.njbxjy.net/user1/6066/38850.html）

第二，注意教师角色的转变。

当前，整个课堂教学理念发生着深刻的变化，教师必须实现角色转变。教师

---

[1] 张阳.创造教育的问题教学法[J].教育探索，1999(05).

的观念和角色不转变，学生的主体地位就无法实现，新课程的理念就不能彻底贯彻执行。前面提到过问题教学法的理论基础建构主义，其教学上的学习观、学生观和教师观，是对传统教学观的彻底颠覆。传统教学观认为学习是通过训练自动获得技能的过程，目的是获取知识；而建构主义教学观则认为学习是通过观察实践获得技能、提高能力的过程，目的是适应环境。传统教学观认为学生是教学客体，是可以填充的容器；而建构主义教学观认为学生是知识建构、技能开发的参与者，是观察者和模仿者。传统教学观认为教师是主流文化的代理人，知识技能传播的权威，学习者行为的强化者；建构主义教学观认为教师是有价值的文化活动中、问题解决过程中、实践活动中指导学生学习的人，是技能更高的合作伙伴，常常提出问题，构建情境，同时对学生的能力和兴趣敏锐地观察，在社会交际方面是合格的参与者。基于此，问题教学法中教师的角色不再是学生的控制者、知识的权威、单纯的教书匠，而是学习的促进者、引导者、研究者、参与者，同时也是学习者。

要实现教师角色的转变，教师首先要意识到教学中内因和外因的辩证关系。外因通过内因起作用，事物发展变化的根本原因是内因的作用。同时，内因的变化离不开外因条件。教师、教材、教学活动都是外因，学生主体才是内因。问题教学法的宗旨是帮助学生把知识真正内化为自身能力。教师的作用不是往瓶子里倒水，而是扶着孩子走路。其次，教师要营造平等和民主的课堂气氛。要体现以人为本、以学生为本的思想，教师必须放下权威的面具，把提问和解答的机会更多地留给学生。在课堂上多问一问，"这个问题你怎么认为的？""谁能来替老师回答这个问题？""谁能提出更好的问题？"在评估方面要关注学生技能的施展，个体目标的实现，真实问题的解决，还要容忍错误，允许质疑。只有老师放下身段，学生才敢于提问，敢于表达，敢于发挥。最后，教师要树立终身学习的观念。鼓励学生提问，这无疑会提高对教师的要求，增加教师的压力。教师要敢于承认自身的局限，同学生合作解决问题，做个平等的参与者、研究者、学习者。

第三，开放性问题和封闭性问题相结合。

问题教学法把问题作为主要的教学手段。要发挥好这个手段就要钻研如何提出高质量的问题。

案例四　一样的内容，不一样的考法

某高二学生考过这样一道历史试题：成吉思汗的继承人窝阔台，死于公元哪一年？最远打到哪里？

美国世界史上也有这样的历史试题，考法却是这样：成吉思汗的继承人窝阔台，当初如果没有死，欧洲会发生什么变化？试从经济、政治、社会三方面分析。

中国历史教师关于中日战争有这样一道题目：甲午战争是哪一年爆发的？签订了什么条约？割让了多少土地？赔偿了多少银两？

日本历史教师关于中日战争也有这样一道题目：日本跟中国100年打一次仗。19世纪打了日清战争（我们称甲午战争），20世纪打了一场中日战争（我们称为抗日战争），21世纪如果日本跟中国开火，你认为大概是什么时候？可能的远因和近因在哪里？如果日本赢了，是赢在什么地方？输了是输在什么条件上？试分析之。

（资料来源：魏薇、王红艳编著.中外学校教育经典案例评析100篇.济南：山东人民出版社，2010.）

上例中列举了两类不同的问题。我国高中历史试题属于封闭式问题，特点是解决方法只有一个，答案只有一个。对于教师来说，答案已知；对学生来说，答案可能是未知的。美日的历史试题属于开放性问题，特点是解决方法要学生自己去探求，且不止一个。答案对教师来说是已知的，但多数无法简单判定正确与否；对学生来说是未知的，且答案不止一个。封闭性问题考察的是学生的知识记忆，而开放性问题考察的是学生的运用能力。当然开放性问题对学生的创造能力和实践能力是极大的挑战。但现实中的问题大多是开放性的问题，充满封闭式问题的试卷只能培养高分低能的背诵机器。诚然，问题教学法鼓励开发开放性问题并不是完全排斥封闭性问题，要把两种问题恰当结合，自然融入到教学和评估当中，才能高质高效地发挥好问题手段的优势。

第三节　新课程背景下问题教学法的案例实录与评析

下面各举一则文理科课例供读者参考，进一步了解问题教学法在实践中的应用。

实例一　对分数的初步认识

数学课上课开始，教师从随身携带的包里拿出了一个苹果。为了吸引学生的注意力，活跃课堂气氛，教师在黑板上用简笔画出了两个卡通人物。提出要把一个苹果平均分给这两个卡通人物。学生根据已有的认知及生活经验可以知道每个小朋友应该得到一个苹果的"一半"。此时，由于学生尚且没有掌握分数的概念，教师没有盲目地在黑板上写出1/2，而是让学生们独立思考应该用什么样的符号表示苹果的"一半"。学生充分发挥自己的想象力和创造力，在自己的稿纸上画出一系列通过主动思考所表示一半的符号。教师问学生，在数学中用什么符号表达"一半"。而后在黑板上写下"1/2"，并咨询学生是否同意用这样的数学符号代表"一半"。有些同学仍然认为自己的方法好，教师在充分肯定学生进行积极思考的同时，继而鼓励他们运用自己标示的符号表达把一个蛋糕分给50个人。这时候，所有的学生都认识到"1/2"分数表达法的简洁性和普遍性，使学生成功地认知了分数的概念、特点、作用。

教师采用讲授启发模式传授分数知识的过程（课堂上师生对话）如下：

师：（在黑板上画两个学生们所熟悉的卡通人物吸引学生们的注意力，引起求知热情）同学们，你知道他们是谁吗？

生：（气氛活跃）喜洋洋，懒洋洋！

师：现在我手里只有一个苹果，我怎样才能把一个苹果公平地分给喜洋洋和懒洋洋呢？

生：用刀切……一人一半……

师：嗯，这是个好办法。那么大家讨论、思考一下，我们用什么样的符号来表示"一半"呢？给大家五分钟时间，小组间成员间相互讨论一下，然后把你们认为表示"一半"的符号画在本子上。然后我请一些同学到黑板上画出自己设计的表示"一半"的符号。

生：激烈、积极讨论中……

师：（找学生上黑板前展示自己所创设的表示"一半"的符号，并对学生的创新思维和主动表现精神给予肯定和表扬）很好，你们的符号都很形象。看得出来大家都在认真思考。那么用大家所设计的符号如何表示把一个大蛋糕分给50个人，每个人得其中的一份呢？

（学生有的在本子上用自己的方式一个一个地画，有的茫然、无语……）

师：我们可以利用分数来解决这一概念，（阐述分数的概念）通过我们对分数的理解，一个苹果的"一半"怎么表示呢？

生：1/2。

师：一块蛋糕分给50个人，那每个人得到多少？

生：1/50

师：大家想想，用数学符号表达分数有什么优点？

生：很方便……我们不用一个一个地画……这样我们利用分数在大的数字、数值上也不受限制……

（资料来源：张丹．漫谈：从几个案例看创设情境要考虑的因素 [J]．新世纪小学数学教师，2006(03)．）

在上面的教学情境中，教师在有效地吸引学生的注意力和激发学习动机的基础上，结合学生所具有的认知经验进行直观讲解，使学生了解了分数的概念、表达方式、优点等。教师把握时机、恰到好处地实现了学生主动地、有意义地学习，完成了新知识在个体经验中的建构。

该教学案例的程序可总结为：创设情境，提出问题——学生思考，提出假设——老师提出新的问题检验假设——介绍新知识解决问题。问题教学法的重点是如何设问，如何做好启发和引导。首先，情境的创设一定要结合学生的实际。此案例中教师使用卡通人物和苹果为道具创设的情境符合小学生的认知水平和兴趣点。第二，提出启发性问题让学生讨论探究，提出各种假设。案例中，这个环节学生们最活跃，纷纷展现自己创造的符号。这是启发学生创新思维的关键步骤。第三，教师引导学生用自己的假设解决新的问题，检验假设的可行性。这里教师设置的新情境是，如何用自己的符号表示1/50。学生遇到新困难，需要寻找新的方法。第四，教师抓住时机讲授新知识。通过创设、启发、引导几个步骤的铺垫，最后的讲授自然水到渠成，学生欣然理解接受了新课的内容。

另外，此案例还主要使用了对话法，师生一问一答，一启一发，语言浅显易懂，符合儿童的学习特点。同时教师还组织集体讨论、个体展示等活动，鼓励学生的创新思维和主动表现的精神。

实例二 《荷塘月色》问题驱动式教学

（一）教学设想

《荷塘月色》是朱自清先生的一篇名作，如何让学生把握文章、体会其美，进而增进学生的审美眼力、提高学生的阅读能力是关键，拟通过"问题的提出——问题的整合——问题的解决——问题的拓展"四个环节来完成本篇课文的教学任务。

（二）教学安排

1. 问题的提出（学生独立完成，教师作适当指点）

不介绍任何有关作者及文章背景资料，学生听一遍范读，然后自读全文，就文章字、词、句、段落、篇章等各个方面提出问题，数量不限。下课前收回问题。

（问题的整理。教师根据学生交回的问题课后完成）

全班学生共提出问题近百个，通过修正不恰当的问题和整合重复的问题，最后整理出35个，并注明问题提出者的姓名，然后印发给学生作为下个课时的讨论材料。

（问题的整合。教师学生共同讨论完成，以学生为主）

与学生一起来讨论这些问题。引导学生先将问题分类，分类标准与学生一起拟定，目的是帮助学生学会从众多的信息中理出头绪，找到解决问题的切入口。

2. 问题的分析（教师活动）

这三十几个问题覆盖了一篇文章的各个方面：思想内容，表达方式，表现手法，材料安排，文章结构，修辞手法及语言运用等。从一些问题的提法还可以看出，学生查找和阅读了不少资料，有些问题的提出更让人惊喜于学生发现问题、提出问题的能力。

3. 问题的解答（学生自行完成，教师作个别指点）

这一环节分两个层面完成。第一个层面要求每个人至少回答两个同学的问题，并且至少选出一个问题详细回答。学生互相交换问题，作出书面解答，并注上回答者的姓名。

学生提出了自己的问题，又回答了别人的问题，而且是回答了几个同学的多个问题。不仅如此，还可以针对别人的回答再质疑。总之是要使学生在活动中学会思考问题，学会质疑，学会解决问题，学会在活动中与同学老师合作，从而达到学习知识、运用知识、提高能力、培养个性的目标。

4. 问题的拓展（教师带动学生）

从学生交回的作业中选出回答得好的、有代表性的内容，读给学生，也可由学生自己读给大家。大部分问题就在这一层面得到了解答。教师在学生回答过程中略加补充。问题解答的第二个层面是针对几个重难点问题和共性问题，教师作出分析，期望通过这个层次的讲解，对全文作出比较清晰的判断。具体表现为一篇赏析性的短文，印发给学生。

问题的拓展环节对学生的要求就是：通过阅读老师的例文，然后从众多的问题中选一个自己感兴趣的作为切入点来赏析文章的某一方面，当堂完成一篇短文。学生有感于老师的引导和例文的启发，生发出一种跃跃欲试的冲动，从而能充满兴趣地完成这个重要的环节。

（三）教学小结

"问题驱动"教学模式有多种表现形式，在这篇课文的教学过程中表现为问题由学生自己提出，自己回答，教师作引导和适当的补充，如提问题的方法，作者的情况，文章的背景资料及重难点的指导分析等。另一个方面的表现是教师的工作量主要体现在课前，大量阅读有关资料，收集有关知识，整理学生的问题并一一加以分析，经过自己深思熟虑才能交与学生讨论，以便在学生的讨论过程中出现问题时作准确的纠正。还有一个突出表现是学生动手动脑时间占全部课时的三分之二，从提出问题，回答问题，互相讨论到最后完成一篇赏析文，在每一个环节里学生的活动都是主动充分而有实际效果的，并且是始终保持着较高兴趣的。同时教师并不给每个问题一个标准的答案，而是以学生的回答为主。还有一个特点是在每一个环节中都把赞赏学生鼓励学生作为主要的评价手段，让学生有成功感。缺点是课文基础知识没有得到清晰的体现，整体形式上是粗放型的，需要在细节上作必要的完善。

（资料来源：高海岩．《荷塘月色》问题驱动式教学 [J]. 吕梁高等专科学校学报，2005(03).)

这则课例是典型的问题驱动式教学，充分体现了其在培养学生思辨能力、激发探究热情、强化合作学习技能等方面的优势。这与我国基础教育课程改革所要达到的目标——"改变课程过于关注知识传授的倾向，强调积极主动有意义学习的形成，学生在获得基本知识与基本技能的同时形成正确的情感、态度与价值观"相一致。问题教学法使学生真正成为课堂的主人，实现了教与学的优化与提升。但是在其应用过程中的缺陷也不容忽视，所以问题教学法在新课程背景下的实施与运用还需要广大教育教学工作者的进一步思考和创新。

【相关链接】

1. 陈爱．课堂改革与问题解决教学 [M]. 北京：首都师范大学出版社，2010.

2. 梁小兰．新课程问题教学法浅议 [J]. 基础教育研究，2009.

3. 蔡梓权．新课程问题教学法研究及其特色 [J]. 基础教育研究，2009.

4. 陈爱萍　黄甫全．问题式学习的内涵、特征与策略 [J]. 教育科学研究，2008.

5. 马赫穆托夫著，王义高译. 问题教学 [M]. 南昌：江西教育出版社，1994.

【要点回顾】

　　问题教学法是以问题为中心，教师通过设置问题情景、提出问题、解决问题为主要过程传授知识技能的一种教学方法。具有启发性、实用性、主体性、双向性、自主认知性等特点以及问题型、发现型、教学对话、课堂讨论等基本方式。在保证教学的有效性和流畅性、激发学生的非智力因素、培养学生的思维能力、破解认知矛盾、提升学习热情等方面具有明显优势。但随着教学的深入开展，其弊端也会逐渐暴露：消耗较多的时间和精力，问题的有效性难以把握，教学评价存在问题，知识传授缺乏系统性。问题教学法建立在马克思主义认识论和反映论、建构主义认知心理学以及系统论、控制论和信息论等理论基础上，具有重要的现实意义。问题教学法实施的三大要素是：问题、主体和教学目标。这三方面要素符合一定条件才能有效实施问题教学。问题教学法实施的基本步骤，国内外出现过多种教学模式。其中有著名的五步教学法：暗示——问题——臆说——推理——试证。实施问题教学法，师生都要树立问题意识，教师要转变角色，维护学生的主体地位，另外在问题的设置上要注意开放性问题和封闭性问题相结合。

【思考题】

1. 名词解释：问题教学法

2. 问题教学法的基本特点有哪些？

3. 与其他方法相比，问题教学法有哪些突出优势？又有哪些不足和局限？

4. 简述实施问题教学法的基本步骤。

5. 结合教学案例《荷塘月色》，谈谈如何恰当使用问题教学法。

第四章 基于新课程的讨论教学法

案例导入

今天老师给大家读了安徒生的童话。接着,由大川君主持,大家一起谈谈感想。

大川:今天老师给我们读了童话《皇帝的新装》,现在大家谈谈感想。先请大家就整体感想开始发言。山田君,从你这里开始。

山田:好,我说。我最感兴趣的是大家都被骗了,但孩子没有被骗。

大川:前田君,你是怎么看的?

前田:我听到孩子说"国王什么也没穿呀"时,心里一下子舒畅许多。

木村:我觉得那些裁缝坏透了,国王倒有些可怜。

高木:我的看法不一样。比起裁缝来,还是国王的大臣、下属坏。按国王的命令去看布料时,应该说清楚什么也没看到。

大川:西村君,你怎么看?

西村:我觉得与其谈整体感想,不如思考一些问题。大人应该知识很丰富,思考也比较深,为什么会被完全骗了呢?这一点很难理解。因此,我想大家一起来想一下这些大人那时究竟是怎么想的?

中野:我想对西村意见再补充一点。

大川:中野君,请说。

中野:我想补充的是,国王、大臣和城里人都被骗了以后,裁缝是怎样的心情?我们可以想一想这个问题。

大川:有同学认为应讨论一下出场人物的内心想法,那么我们接下去就开始

讨论这一话题吧……赞成的人很多，那么我们就讨论这一话题。首先，谈一下国王的心情。

（资料来源：方明生．日本生活作文教育研究．上海：上海教育出版社，2002：190—192．）

上面这则案例是日本小学四年级国语课引入的讨论式教学片段。对于这个经典的童话，孩子们提出了很多个性化的解读，这与教学参考书上要求得出"揭露统治者的愚蠢与贪婪"的结论相去甚远。讨论法的引入打破了传统引导归一结论的教学方式，这样做有什么优势和局限吗？当前，我们在新课程背景下又该怎样正确运用和实施讨论法呢？

第一节　讨论教学法概述

一、概念界定

所谓"讨论"，《辞海》的解释是"探讨寻究，议论得失"。《现代汉语大词典》对"讨论"的定义为"就某一问题交换意见或进行辩论"。哲学家马太·利普曼认为，讨论是"由两个或两个以上的成员组成小组，互相分享、批判各自的想法"的过程。根据我国当代著名教育家李秉德主编的《教学论》，我国中小学教学活动所常用的教学方法可大致分为五类。其中第一类是"以语言传递信息为主的方法"，可细分为讲授法、谈话法、讨论法、读书指导法等。著名教育家顾明远教授在其主编的《教育大辞典》中将讨论教学法定义为："讨论教学法就是在教师的指导下，为实现某个教学目标或解决某个问题而进行合作探究，并因此获取知识、培养能力、交流情感、发展思维的一种教学方式。"1990年由经济日报出版社出版的《教学法大全》对讨论教学法的概念定义为："讨论式教学法是在教师指导下学生自学、自讲，以讨论为主的一种教法。"

依据新课改的宗旨与要求，讨论教学法以启发学生思维、激发学生学习的主动性和积极性为目标。在特定的课堂环境中，教师根据相应的教材内容与教学目的，遵循教学规律，以全班或小组成员为教学活动的组织形式，组织学生围绕某一问题展开讨论，鼓励学生各抒己见，互相交流信息，从而发挥群体积极的学习功能，最终达到理解问题，掌握知识。

讨论式教学法是学生合作学习与教师主导相结合的一种教学法，教师在引导学生主动参与学习活动的过程中训练其思维，培养学生沟通、交流能力。学生通过讨论学习能够培养起集体精神与合作意识，提升自学能力、推理能力与运用所学知识的能力。讨论教学法是一种变被动为主动学习的积极教学方式，是实施启发式教学的一个具体环节。

二、基本特点

讨论教学法作为培养学生主体思维、合作能力的一种有效的教学方法受到了教育界，尤其是基础教育界的广泛关注。自新课程实施以来，讨论教学法也随之发生了深刻的变化，呈现出了许多新的特点。

（一）互动性

新课程把教学过程看成是师生交往、积极互动、共同发展的过程。没有交往，没有互助，就不存在或未发生教学。[1]讨论教学法以特定的教学问题或教学话题为核心，学生围绕这一问题或话题展开讨论。这种师生、生生共同参与互动的教学方式改变了以往传统的"被动灌输式"课堂教学模式，实现了师生、生生间的沟通、互助、合作与交流，使整个课堂教学过程呈现出互动性的特点。

首先，师生互动。教师依据具体的教学目标与教学内容准备好讨论的问题或话题，鼓励引导学生积极参与问题的讨论，帮助学生概括归纳问题答案。同时，针对学生的讨论进行积极的课堂组织与管理，帮助学生掌握新知，完成教与学的统一。其次，生生互动。学生由于年龄相仿，学习与认知阶段相似，地位平等，讨论气氛相对比较轻松、自由。讨论也就在无拘无束的环境下进行，学生与学生

---

[1] 余文林.课程与教学论讨论[M].福州：福建教育出版社，2011：273.

之间相互启发，共同学习，有利于其知识的建构和内化，帮助学生主动学习。

（二）全体性

前苏联著名教育家苏霍姆林斯基在评价教师课堂教学时曾说过："分析课堂教学效果不要被花哨的表面现象所迷惑，其落脚应该放在学生身上，要看全班学生是否每一个人都充分地工作，独立地工作。"关注人是新课程的核心理念，每一位学生都是生动活泼的人、发展的人、有尊严的人，在教师的课堂教学理念中，包括每一位学生在内的全班所有的学生都是教师应该关注的对象。讨论式教学法恰恰能够体现教学活动的全体性与全面性。通过课堂讨论，能够为每一个学生提供独立思考、交流、机会平等的平台。学生可以根据自己的认知特点与接受能力采取不同的讨论模式，让每位同学都有展示自我、获取成功的机会。

（三）开放性

传统教学法中，教师是教学活动的主宰，学生仅仅是被动接受知识的角色。课堂教学过程程序化，缺乏生机与活力。新课改理念指导下的讨论式教学法能使学生积极主动地参与课堂教学过程中，各抒己见，相互交流。师生之间、生生之间积极主动地参与课堂讨论，促进了教学信息的输出和反馈，突破了教师和学生之间的范围，而且形成多维的态势，使课堂信息的交流呈现出多维性的特点。讨论问题的答案也区别于传统教学的统一、标准的答案，问题的答案与解决方法多元化。因此，讨论教学法打破了传统教学程序化、机械化的教学模式，使课堂教学更加丰富多彩、充满乐趣。

（四）主导性

在采用讨论式教学法的课堂教学中，教师不再以权威的身份传授知识，学生也不在充当被动接受知识的容器。通过讨论，教师与学生能够主动地参与教学活动。教师积极引导学生针对问题进行讨论、分析，充分发挥其在课堂教学中的组织者、调节者的作用和主导性功能。此外，教师适时有效、恰当合理的指导不仅能够激发学生讨论、求知的热情，还能对整体教学内容、重难点进行概括升华、补充提示。在保证课堂讨论质量的同时，也提高了自身的综合素质，保证教学的顺利实施。

三、主要方式

学生是课堂讨论的主体，学生的主动参与、思考是讨论教学法成功实施的重要保证。根据讨论的规模、是否有准备、学生参与的形式等，可以将讨论教学法分为以下几类。

（一）按讨论的规模，可分为小组讨论和班级讨论

1. 小组讨论

课堂教学中，小组讨论是很常见的讨论形式。教师可根据具体学科、教学内容、学生认知水平构建不同的分组形式。如可根据学生个体学习时所面临的困难将学生以座位为依准分成同桌 2 人组或前后桌 4 人分组。以座位为依据的分组方式，有利于教师对小组讨论的质量进行监督与指导。但由于讨论人数有限，很难达到集思广益的效果。另外，还可以以讨论问题的特点与班级期望将学生按认知方式、性格等分为能够相互启发、思考的多人组。这种分组方式具有发动面广泛、讨论深入等优势，但有些浪费课堂时间，不利于教师组织监管。大量的课堂实践与理论研究表明，小组讨论的人数以 5-8 人较为理想。这既可以避免人数过少造成讨论"冷场"，达不到集思广益、交流信息的效果；还能防止人数过多造成优生垄断，组员平均的发言机会被剥夺，降低组员的参与感与学习的积极性。

在采取小组讨论的方式时，教师应先准备好讨论问题，规定讨论时间。各讨论小组为保证讨论质量也应做好内部分工。如小组内部的组织人、记录员等。防止讨论流于形式，无法达到既定的教学目的。在规定的讨论时间内，教师也应巡视各组，观察、监督讨论情况，引领学生积极思考，提供必要的帮助与指导，保证小组讨论高效、有序进行。

2. 班级讨论

班级讨论是在全班范围内进行的讨论。讨论的范围较广，参与的人数较多。班级讨论可以先以小组讨论为基础。也就是说在进行大范围的班级讨论前，针对讨论的问题先进行小组讨论，经过小组的协商与研究获得小组内部较为统一的关于问题解决的方式。然后各组选派出代表表达本组的思想，同其他的小组选派的代表进行全班性讨论。同时，本组的其他成员可对其代表人的意见进行补充，并对其他意见不同的小组进行质疑与发难。这种以小组为基础而展开的全班性讨论，可以避免直接由全体同学参与的全班性讨论之盲目性，也可防止班级讨论意见过于分散，导致讨论缺乏整体性与系统性。以小组为基础的班级讨论，便于教师把握讨论进程、方向，有利于教师发挥其主导作用。

班级讨论也可根据具体的教学实际，不以小组讨论为基础。这种讨论一般比较适合即时讨论，即根据课堂实际教学情境的需要，临时安排的讨论。一般无需学生事先准备，讨论的时间也较短。常针对学生熟悉的社会生活实际问题进行讨论，这种讨论加大了教师指导的难度。教师不仅要保证讨论始终围绕既定问题，还要保证每个同学都能积极参与，杜绝讨论"死角"的出现。只是这种形式的讨论意见易分散，讨论过程没有固定的模式。如果学生缺乏讨论、合作学习的意识，往往会使讨论失效，浪费有限的课堂教学时间。

（二）按讨论是否有准备，可分为即时讨论和专题讨论

1. 即时讨论

"即时"有当下、临时之意。顾名思义，即时讨论往往指的是学生事先无准备、一般持续时间较短的讨论。也可理解为教师根据实际教学需要，临时安排的讨论。这类讨论的问题较为贴近学生的认知经验。讨论的问题往往相对单一，难度较小，学生也比较容易表达自己的观点。即时讨论灵活生动、方式多样，能够活跃课堂气氛，激发学生求知热情与兴趣。

例如某初三政治教师在讲授社会主义初级阶段的基本国情这一教学内容时提出两种不同论断供学生讨论，帮助学生理解教学内容。"有人认为经过将近二十年的改革开放，我国的生产力水平虽然有了一定的发展，但总体水平较低。科学技术水平与国民素质还相对较低。社会主义仍然处于初级阶段。还有人认为我国成功举办奥运会、世博会、加入世贸组织等一系列富有标志性的历史事件已经表明

我国已经摆脱了社会主义初级阶段。"就上述不同论断，可以组织学生进行讨论，集思广益，各抒己见，帮助学生形成统一认识，加深对我国基本国情的理解。

2. 专题讨论

专题讨论所涉及的讨论问题一般难度较大，辩论的时间较长。为保证课堂教学质量，往往要求学生事先做充分的准备，否则很容易导致讨论"冷场"。由于专题讨论具有专业性、复杂性等特点，专题讨论一般都应根据事先准备好的问题与顺序进行。

（三）按讨论方式，可分为设计问题式讨论、课堂穿插式讨论和习题式讨论

1. 设计问题式讨论

教师根据教学内容的特点、教学的具体目标和学生年龄及知识水平，设计讨论问题。这种讨论形式较为灵活，可以用于导入新课。教师通过问题引导学生利用已知进行讨论分析，造成学生认知两难，继而引导学生进入新课的学习。或用于整堂课的教学，这种应用较为典型，还可用于一节课的概括与总结。这种应用还可称为结尾式讨论，目的是帮助学生归纳、概括新知，强化学习效果。

2. 课堂穿插式讨论

这种讨论方式会贯穿于整节课的教学。在教学过程中教师根据实际教学需要，合理调整教学进程，适时组织课堂讨论，以活跃课堂气氛，调动学生学习积极性。通过这种讨论，教师能够及时发现学生认知问题，以便采取有效的教学策略保证学生对知识的理解与掌握。

3. 习题式讨论

习题式讨论是以习题为讨论核心，教师指导学生通过习题进行讨论，鼓励学生提出问题、解决问题。这种讨论方式能够培养学生思考、探究的能力，更好地发挥学生学习的主体作用。另外，学生针对习题所引发的讨论，也能够体现出学生思考、解决问题的过程与模式，便于教师了解学生的认知缺陷并采取积极的教学补救措施。

四、优势与局限性

随着我国基础教育新课程改革的不断推广与深入，讨论式教学法遵循了科学的教学规律，在激发学生学习动机、促进学生主动学习、活跃课堂气氛等方面具有其他教学方法所无法比拟的优势。

(一) 讨论式教学法的优势

1. 有利于培养学生的语言表达能力

首先，讨论的本质是通过语言交流思想。讨论教学法除了能培养学生组织语言表达个体思想的能力外，在进行讨论的活动中，学生还能及时有效地对他人的观点做出快速的反应，结合自己思考，对他人的观点进行辨析与判断。另外，由于讨论活动的动态性，学生要根据讨论进程不断调整思维的角度和注意力的侧重点，讨论中学生的思维活动状态相对活跃。其次，自由、轻松的讨论氛围能够启发学生的创造性思维。针对出现的讨论难题，学生可以从多角度探寻问题解决的方案，发挥群体智慧的效应。在这种教学活动中学生不再是被动接受知识的容器，而是主动建构知识的学习者，实现个体的全面发展。

2. 有利于培养学生的自学能力

教育的目的不是灌输而是启发和唤醒。学生是教学活动的主体，只有学生主动、自主学习才能充分实现其全面发展。讨论教学法的运用，需要学生事先准备学习材料，学会查阅、分析材料，善于归纳与总结。在讨论过程中，学生可通过讨论了解自己分析问题、思考问题的方式，并借鉴和学习其他同学成功有效的思考问题模式，以促进自主学习能力的培养与提高。

3. 有利于优化学生的知识结构

讨论教学法利用集体优势，采用群体讨论为主要教学活动模式，便于学生在相对轻松的环境中促进认知结构的提升。这种教学法能够达到集思广益、取长补短的作用，帮助学生自然地将其他成员的思想成果整合到自己的知识体系中，优化自我的认知结构。

4. 有利于拓展思维，激发学生的学习兴趣

传统的教学方式，一般以教师为中心，采取教师讲解，学生接受、记忆这种知识单项流动的教学模式。这种模式造成课堂气氛死气沉沉，学生缺乏学习兴趣，教学内容枯燥乏味。而讨论式教学法能够促使学生积极参与教学活动，有利于激发学生的参与意识和学习兴趣。教学内容的重点、难点以讨论核心问题的形式出现，学生通过主动参与、积极探究能够加深对知识的理解与掌握，培养学生乐学、好学的学习态度，激发其学习乐趣与学习热情。

5. 有利于建立良好的师生关系，营造和谐的课堂教学氛围

民主、平等的师生关系是成功课堂教学的基础。讨论教学法为师生平等、愉悦地讨论创造了和谐融洽的教学环境。学生只有消除自身紧张感、与教师平等交流才能以轻松愉快的心情参与课堂教学活动，真正独立思考，提出深刻而富有价值的观念。教师真正成为学生学习活动的引路人、协助者。这更有利于师生间沟通，及时发现学生的认知困难并采取有效的教学策略帮助学生完成知识建构。这改变了传统教学活动中教师一人主宰教学活动，以命令、强制灌输的形式传授知识的局面。提高了课堂效率，在潜移默化中反映学生情感、态度、价值观等非智力因素，完成德育教育。

（二）讨论教学法的局限性

鉴于讨论教学法所具有的独特优势，该方法在现代课堂教学中得到了广泛的运用。但在具体教学中，受讨论内容、时间和形式等的影响，讨论教学法也有其自身的应用局限。

1. 易浪费时间

采用讨论教学法，信息传递的速度较慢。受教学时间的限制，易导致教学效率低下。课堂教学要留给学生思考的时间、讨论的时间、发言的时间。除此之外，讨论虽热闹却偏离主题，因紧张或知识缺乏、性格内向等因素而导致冷场，这些情况都会浪费课堂宝贵的时间。

2．易疏于管理

讨论教学法要求教师能够根据课堂讨论的实际情况，适时有效地引导监控讨论过程。这就要求教师必须具有丰富的教学经验，缺乏经验的教师则难以驾驭。另外，学生的人数、自控能力，讨论的时间、地点、环境布置等因素也会影响讨论教学的开展，这些都对教学管理提出新的要求。

3．易强调主观评价

由于讨论带有较强的主观性，如何形成客观的评价模式是讨论教学面临的重要问题。课堂教学中常遇到的现象是，在讨论课中表现得积极、出色的学生在正式的闭卷考试中成绩往往处于中等水平。所以，要综合多种评估方式才能保证评估的科学性，准确地反映学生的实际水平。这就决定了讨论教学评估的复杂性，包括讨论过程和结果的评价相结合，自我评价、他人评价和教师评价相结合，组内评价和组间评价相结合，考试评价和课堂表现评价相结合等多种方式。

第二节　新课程背景下讨论教学法的实施

讨论式教学法作为一种有效的教学方法，在培养学生合作精神、扩展学生知识结构、提升学生语言表达与组织能力方面具有很大作用。新课程改革背景下，讨论式教学法被赋予了新的使命。

一、实施的必要性与可行性

（一）讨论教学法的兴起是现代教育研究重心由关注教师如何"教"转向研究学生如何"学"的必然结果

过去的教书匠只管备好课，"教"给学生就算完成教学任务，而当代的教育者更关注"学"的效果。教学研究的目的和教学方法的选择都是为了促进学生的"学"。讨论中的多向交流形式为教学主体之间的相互了解提供了平台。在学生讨论过程中，教师除了指导者、参与者的角色，也是观察者、评价者。通过观察学生的表现，教师能够了解学生的个性与共性，发现他们在学习中的优点和遇到的困难，为因材施教和客观全面地评价提供依据。

（二）提倡素质教育的新课程标准为讨论法的实施提供了用武之地

联合国教科文组织在《教育——财富蕴藏其中》中指出："通过对话和各自阐述自己的理由进行争论，这是 21 世纪教育需要的一种手段。"[1] 当前，教育教学改革的总目标就是要变应试教育为素质教育，即教育方向应由选拔人向完善人、发展人转变；由选择适合教育模式向创造适合学生发展的教育方向发展；由注入式教育向启发式教育发展。讨论教学法符合新课程关于教师与学生积极互动、共同发展、尊重学生的人格、关注个体差异、创设能引导学生主动参与的教育环境等方面的要求。讨论教学法开放、互动的特性鼓励学生的批判性思维，允许把个体经验引入课堂讨论。同时，群体的智慧又能够促进个人知识结构的重新建构。讨论法打破了阻碍素质教育的引导归一结论的教学方式，形成了多元、民主、自由的课堂气氛。

（三）讨论教学法符合青少年学生的心理发展规律

青少年学生随着经验和知识的积累，"个性"和"自我意识"逐渐形成，抽象逻辑思维能力也逐渐发展起来。世界观、人生观、价值观的逐步形成，自我意识的增强和自我形象的树立，使他们有着强烈的表达和交流的愿望。好奇心和求知欲也是他们乐于参加讨论活动的主观因素。讨论法表面看是一种语言活动，实际上是一种思维活动，既考验口头表达能力也锻炼思辨能力。这正适合青少年思维活跃、勇于挑战、敢于创新、不满足灌输教育和现成答案的心理特点。

总之，新课程背景下讨论教学法是一种符合教改需要、有诸多优势的教学方法。前面所提到的问题法以及后面要介绍的案例法、情境法等几乎都离不开讨论的环节。

二、实施的基本步骤

这里将讨论教学法的实施分为宏观层次和微观层次两种情况。

---

[1]　联合国教科文组织.教育——财富蕴藏其中[M].北京：教育科学出版社，1996：133.

宏观层次的讨论是指正式的专题讨论课。基本步骤为准备讨论——组织讨论——归纳呈现——总结评价。

准备讨论:讨论课前的准备和动员直接影响讨论的氛围和质量。教师要备好课,确定讨论的课题,设计好讨论的程序,指导学生的准备工作,如预习和复习,布置阅读资料,指导批判性阅读。学生要分好小组,确定分工,明确论点,收集相关资料,整理资料,编写讨论提纲,准备发言稿。此外还要布置好讨论现场,例如在黑板上醒目地书写论题,重新安排桌椅的摆放,张贴摆放相关资料、图片、书籍、模型等。

组织讨论:讨论活动是讨论课的关键阶段。根据讨论的性质确定讨论的规则和形式。制定的规则要保证人人参与其中,确保每个学生都负责与讨论相关的一个任务。可以按性别、工作性质、正反方、自愿组合等方式分组。采取自由讨论、小组讨论、分组辩论、问答竞赛等多种活动形式。每个人都至少有一项与讨论直接相关的任务,保证人人都能参与讨论活动。可以安排学生主持人,增加锻炼机会。

归纳呈现:讨论教学的效果如何,最终落实在讨论结果的归纳呈现上。这个环节也可以组织得丰富多彩,例如可以采取自由发言、各小组代表发言、辩论后总结陈述、评委点评、上交书面总结等形式。在这个环节上,要留给听众思考和提问的时间,使讨论进一步深化。

总结评价:学生把讨论结果归纳呈现之后通常由教师作最后的总结,包括讨论内容的总结和讨论经验的总结。教师要根据讨论的过程和效果提示应该注意的事项,为拓展新的研究提供思路,同时指点学生归纳、演绎、辩证等思维方法。至于对讨论过程和结果的评价,也可采取自我评价、他人评价和教师评价相结合,组内评价和组间评价相结合,过程评价和结果评价相结合等多种方式。

微观层次的讨论是穿插在其他教学法当中的非正式的讨论。基本程序为抓住时机,提出问题——组织讨论——综合总结。

把握课堂讨论时机、引发学生思考和讨论是一门教学艺术,对整个课堂教学目标的实现起到重要作用。当学生对某结论有异议时,对某问题有新发现时,在练习时遇到困难时以及出现一题有多解时，在讲解重点、难点、关键点时，在新知识点与旧知识点有相似处时，教师都可以随机应变，组织学生开展讨论。一节课中的讨论的时间不宜过长，也不宜过频，形式也不必太复杂，一般就近搭伴讨论，自由发言即可。最后，教师要适时结束讨论，综合总结讨论结果，过渡到下一个教学环节。

下面通过一个教学案例简单呈现讨论课的实施情况。

案例一　思想政治课——《理想与现实的关系》

1. 课题准备

课堂教学中，我们根据学生自学所反馈回来的信息，设置"理想与现实谁高"论题，在课堂上分组开展论辩。根据学生的观点，我们挑选了 10 个学生，分为正反双方两个小组，在老师导入课题后，由这些同学在教坛上阐述自己的观点。这个过程中，老师把他们的主要观点和论据扼要地写在黑板上，学生记录，然后，学生自由争辩。学生可以根据以上同学的发言，提出质问反诘并陈述自己的观点。最后，由老师归纳小结，说明理想与现实的关系。

2. 学生交流"我的理想，我的梦"

讨论如何确立成才目标。现代教学基本原则告诉我们：创设学习情景是调动学生学习主动性的有效方法。在课堂教学中，依次请小组代表以小品表演（理想是当体育节目主持人）、吉他演奏（理想是成为吉他演奏家）、演讲（理想是汽车设计师和导游）等不同表现形式展现自己的理想。引出"我的理想我的梦"。教师设计一组提问，用问题引导思维。（以对同窗三年的了解，他们的理想符合本人的实际情况吗？要实现理想应在哪些方面下工夫？在社会变革，经济发展的当今中国，需要上述人才吗？）对于第一个问题，学生们能根据对同学的了解，从不同的方面，客观地作出评价。例如对于理想是当体育节目主持人的同学，大家认为他爱好体育，身体强壮，体育成绩优秀，他的理想符合本人的情况。对第二个问题，各小组各抒己见，有的认为成为体育节目主持人，要多了解体育运动的规则、知识；有的认为要练好过硬的口才和应变能力；还有人认为必须具备良好的体育道德，客观公正地评论。对第三个问题，所有的学生都给予肯定的回答。在讨论的基础上，教师小结：确定成才目标既要考虑国家需要又要考虑自身个性特点。第一环节"我的理想我的梦"结束。

3. 学生交流"我的理想，我的奋斗"

讨论成才的决定性因素。教师又以"将理想变为现实的道路是否会一帆风顺，遇到困难、挫折怎么办"来设问引出下个环节"我的理想，我的奋斗"。介绍成功人士年轻时的理想以及奋斗经历的材料。然后各小组依次播放自制的收集和采访的多媒体课件。让学生从自己的所见所闻中，感悟成功的艰辛，引发讨论这些人物奋斗过程中的共同特点。教师适时总结：刻苦勤奋是成才的决定性因素。"我的理想，我的奋斗"结束。

4. 学生讨论成功的标准

由于成功的标准问题涉及到价值观，对于高中学生来说有一定难度，因此是教学的难点。教师通过设问"这些成功人士的特点是什么？你们衡量的依据是什么？"引出第三个环节"衡量成功的标准"问题的讨论。第一个问题各小组成员100% 同意。而对第二个问题讨论激烈，有的认为这些人职业好，薪酬高，所以是成功的；有的认为这些人著书立说，名气响，所以是成功的；有的认为这些人桃李满天下，受人尊敬，所以是成功的。这时教师从中引导学生正确地来看待报酬。报酬是社会对所付出劳动的一种认可。桃李满天下、著书立说也是社会对你的认可。只要通过自己的努力，做出了贡献，得到社会、国家的认可，就是获得了成功。因此升华了对"人生的真正价值在于对社会的贡献"的认识。

5. 教师总结

这堂课在努力发挥老师的主导作用的同时，很好地发挥了学生的主体作用，让学生积极参与，变被动为主动，变厌学为乐学。整节课的课堂气氛热烈，兴趣盎然，学生们积极思考，各抒己见。发言的有理有据，力求以理服众；听的认真听，积极想，大胆质疑。全体学生在生动活泼的情景中轻轻松松地进行学习，既正确认识了理想与现实的关系，澄清了原有的模糊认识，又训练了学生的阅读、写作、语言表达等多方面的能力，还锻炼了学生的胆量，达到了原定的知识、能力、觉悟三提高的既定的教学目标。学生都纷纷表示，用这种方式谈理想，没有压抑感，克服了死记硬背，学得积极、主动、轻松，学得深刻，也记得牢固，这样的思想政治课我们喜欢。从事后的测试结果来看，教学效果不错。

（资料来源：高冰. 讨论式教学法在高中思想政治课上的运用策略探究 [D]. 长春：东北师范大学，硕士学位论文，2007.）

思想政治课的思想教育性比较强，长期说教式的讲授很容易使学生产生厌烦排斥的心理。所以，在讲授中穿插讨论环节有特别的作用，组织专题讨论课有很重要的意义。该讨论课在课题的选择上考虑到讨论的可行性，选取理论性不强而思想性强，且与同学们切实相关的论题。在准备阶段布置学生阅读材料，理论联系实际，确定自己的论点、论据和论证。在讨论过程中教师组织自由辩论、分组讨论、演讲问答等讨论形式。通过在黑板上记录要点、多媒体课件、口头发言等方式呈现各自观点或讨论的结果。教师在讨论中发挥通过提问引起讨论、推动讨论展开、控制讨论节奏、总结讨论结果的主导作用。

三、实施的注意事项

为了能充分发挥讨论法的优势，避免流于形式导致事倍功半，讨论时必须注意以下几个方面。

第一，考虑讨论教学法的适用性。

要认识到讨论教学法虽然有很多好处，但不是适应一切课程、一切教学内容、一切学生、能解决一切问题的灵丹妙药。在应试为导向的环境下，部分学生还不适应讨论法；学生的文理知识基础和思维习惯不同，讨论法的效果也就不同；讨论法不能替代讲授法。尤其是在中小学，学生的基础知识和思维能力有限，完全依靠讨论获得提高是不切实际的。所以，讨论法并不排斥讲授法。对于经典的、基础的、理论性的陈述性知识，还是要讲授。在学生掌握了一定的基础之后，对于涉及现实的、综合的、复杂的实际问题的程序性知识，则可以运用讨论的方式解决。对于可以通过推理解决的理论问题，可以讲授与讨论相结合。事实上，讲授法不一定就是死板的、封闭的，优秀的教师照样可以把讲授法运用得有声有色；

讨论法也不一定是活跃的、开放的，蹩脚的老师会把讨论课组织得了无生气、毫无收获。在充分考虑学情、教情的情况下，在教授过程中穿插讨论，逐步培养学生讨论的习惯；在讨论过程中穿插讲授，起到穿针引线的作用。

第二，教师要承担提问、倾听和回应的责任。

讨论课虽然强调学生为主体，但不否认教师的重要作用。如果没有教师的责任，课堂讨论就会失去方向。首先，教师提问的作用是引起讨论，调整方向，启发思考。其次，学会倾听是教师实施讨论法时必备的素质，既要有耐性听，又要能听出主题，为发言后的回应做准备。最后，学生发言后，教师应该给予肯定的回应，鼓励主动提问、自愿发言的做法，然后可以对刚才的观点进行概括、补充，或引出新的问题，也可以请其他同学发表意见或提出质疑。

下面的这则案例就是教师不肯倾听所导致的后果：

案例二　他究竟想说什么

这是一节小学二年级语文课《美丽的丹顶鹤》，教师在引导学生感知课文内容之后，为了回归"第二整体"，让学生产生从感性到理性的飞跃，说道："同学们，你们想对丹顶鹤说些什么？"随即又出示了一个补充句子："丹顶鹤，你真____！"这时，课堂上小手如林，有的说："丹顶鹤，你真美丽！"有的说："丹顶鹤，你真高雅！"……突然，一位小男孩站起来："老师，我……我觉得丹……"还没等这位小男孩说完，教师就立即示意："嗯，想好了，请按老师给你的句式说。"小男孩究竟想说什么，也就无从知道了。

（资料来源：魏薇、王红艳编著．中外学校教育经典案例评析 100 篇．济南：山东人民出版社，2010.8）

第三，注意保持教师和学生发言的平衡。

在讨论课上，教师或学生说得太多或者太少都是有损讨论效果的。教师如果说得太多，在讨论中占据主导地位，那么学生的思路会跟着老师走，提不出个性化的见解。教师如果说得太少，学生又会因自己的观点没有得到期望的回应而失望，因问题没有得到澄清或讲解而困惑。所以，教师要掌握好发言的度，一方面要改变惯于说教的心态，另一方面要防止过犹不及，对学生的讨论放任自流，而过度保留自己的看法。至于学生发言的不平衡现象，教师经常遇到这样的困境：一部分思维活跃、性格外向的学生往往说得太多，而另一些性格内向的学生则沉默寡言。对于长时间霸占发言机会的学生，如果打断他，会影响他参加自由讨论的积极性。如果不打断，讨论似乎成了他一个人的表演，又会挫伤其他人的积极性。建议用制定规则的办法解决这个问题，给所有学生拥有平等的机会。在规则下，善谈的学生要考虑好时间，沉默的学生也不能偷懒。总之，是否能保持师生发言的平衡，归根到底还是要靠教师树立对讨论法的正确认识以及协调能力和应变能力的发挥。

第四，掌握组织讨论的技巧。

既然选择了讨论法，就必须对课堂上的不确定因素有思想准备。因为在讨论课上，教师把部分话语权转移到学生手中，而学生并不可能总是很配合，课堂也不可能总是我们想象得那么充满活力、气氛热烈。讨论的效果不好，固然有学生的因素，但教师是应该负主要责任的。因为只要话题是学生感兴趣的，组织形式是学生喜欢的，那么讨论都会顺利地开展下去。所以，教师要在提问技巧和组织方式上多考虑。一方面要尽量使讨论的问题具有开放性、争议性、现实性；另一方面使分组的形式具有流动性、开放性、多样性。制造信息差是引起交流讨论的最好方法。为此进行创造性分组会收到很好的效果。例如，先小组讨论，再融入其他组的"滚雪球"式；各选一个不重复的问题分头研究，把自己变成这一问题的"专家"，在同其他"专家"讨论后，向"外行"们讲解交流的"智力拼图"式；把小组讨论的结果写在纸上张贴在教室各处，每个人都可流动"参观"其他小组答案的"纸上对话"式；制造"旋转舞台"，各组在讨论 10 分钟后，留下自己的讨论结果，更换到下一组的位置，了解其他组的意见并做评价。[1] 讨论法在形式上的不断变化，使学生保持新鲜感和积

[1] Stephen D.Brookfield &Stephen Preskill著,罗静等译.实用讨论式教学法[M].北京：中国轻工业出版社,2011：85-104.

极性，是教师实施讨论法必备的技巧，也是一门教学艺术。

第三节 新课程背景下讨论教学法的案例实录与评析

《礼记》云："独学而无友，则孤陋而寡闻。"教师要在课堂教学中有计划、有目的地开展讨论式教学，增加师生之间、生生之间的自主性直接交往，在思想碰撞中激荡出创新的火花。

实例一 讨论法在语文教学中的应用

在学完高中语文《〈诗经〉三首》这一课时，教师提出了这样一个问题："《氓》中女主人公遭'士'遗弃，其兄又'口至其笑矣'，而《静女》中的'静女'却又为'士'所热恋，如何解释两位女性不同的境遇呢？"问题提出后，同学们有的低头沉思，有的相互展开热烈讨论。

三分钟后，甲回答："这是因为《静女》中的男子还处于恋爱的初期，所以热情高涨，一旦当他得到爱情后，就不会这么热情了，或许也会和《氓》中那位'士'一样对'静女'变心。"甲刚答完，乙就站起来表示反对："我不同意甲的观点，我认为出现这种不同的境遇是很正常的，因为人与人本来就是不一样的，《氓》中的'我'所嫁的'士'是个负心汉，而《静女》中的'静女'遇到的却是一个对爱情专一的男子，不是每个男子都很容易变心的……"

乙还未讲完，就有一个女生丙予以还击："但你要知道，《氓》中'士'一开始也是很痴心的呀，其程度绝不亚于《静女》中的'我'，但最后不还是变心了吗？谁能保证《静女》中的'我'不会也走这条路呢？其实男子是最容易变心的……"这话遭到了几乎所有男生的一致反对，于是一场讨论快要变成了一次舌战。

火候已经成熟，看来教师不得不出来"主持公道"了："刚才几位同学的分析，应该说都有一定道理。确实，《静女》中的男子还处于热恋时期，自然热情万分，至于婚后他是否会变心，就很难说了，这要看他能否经受住时间的考验。但我们同时也要看到，两个男子的身份是有差别的，大家能否看出这种差别？"台下又七嘴八舌地议论起来。

教师进一步提示："从《氓》中的'士''抱布贸丝'，我们可以估计'士'可能是什么人？（生答：商人）对，可能是商人。而从《静女》中的'俟我于城隅'、'自牧归荑'又可以猜出'我'可能是什么人？（生答：农民）对，可能是农人。而商人和农人由于生活环境、方式的不同，行为习惯、思想意识也是有一定差别的。相对来说，农人比较朴素，思想比较纯洁，也许不会像商人那样容易变心，这从后来一些文学作品中也能得到一些验证。当然，这些也只是我个人观点，亦属一家之言。关于这个问题，大家课后还可以继续做口头或书面讨论。"教师的话刚讲完，下课铃声响了，一场"风波"就这样"平息"了。

　　（资料来源：余文森、林高明．经典教学法 50 例 [M]．福州：福建教育出版社，2010．）

　　传统的阅读教学中，即使有讨论也往往是依据参考书的要求引导归一结论。应试教育整齐划一、僵硬的教学模式窒息了学生创新思维的开发和学习的兴趣，结果导致受教育时间越长，提问就越少，即使有提问，也是征求过许可的、程序上的。新课程背景下的讨论教学法在语文教学中掀起批判性阅读的革命。在鉴赏文学作品时，不仅要允许学生质疑，甚至要鼓励他们批判、辩论，提出个性化的见解。

　　该案例中，将讨论法引入高中语文课中的文学作品鉴赏，抓住了以下几个时机：其一，高中学生的知识基础已经积累到一定程度，理解能力、思维能力已经发展到一定水平，具备了讨论的主观条件。其二，文学作品的鉴赏本身就是仁者见仁智者见智的，所以讨论法在此具有可行性。开展开放的、批判性的讨论是培养学生思维的全面性、客观性，提高鉴赏能力的重要手段。其三，讨论教学法的目的是最大限度地调动学生的学习积极性，促进学生在认识上产生飞跃和转化。在新内容与学过的内容有相似点时，即两篇文章中的女主人公有可比性，教师抓住时机引发讨论，最后学生在教师的点拨下达到认识的升华。其四，当讨论进行得火热、僵持不下时，教师认为"火候已经成熟"，及时介入，一方面肯定评价学生的观点，一方面顺势将大家引向更深层次的思考，使问题圆满解决。最后，教师说"这也是我个人观点，亦属一家之言",示范性表达了对文学作品的鉴赏持开放的、评判性的态度。

实例二　讨论法在音乐课上的应用

——《游击队歌》教学设计片段

教学过程

学生听《松花江上》音乐进教室。

1.导入新课

教师:同学们,今天我们学习一首新歌,在学习歌曲之前,咱们先看一组画面。

(出示课件:抗日游击队员图片)

教师:同学们先来观察一下图片,想一想,这些图片放映了什么样的历史内容?

(学生回答)

教师总结:看来同学们对游击队员并不陌生……今天我们学习的这首歌正是再现了当时游击队员战斗和生活的场景。

2.新歌教学

(1)欣赏歌曲

(出示课件:《游击队歌》)

教师:初听歌曲,请同学们说说你对这首歌的感受。

教师总结:神秘、机警、乐观、勇敢。

(2)介绍歌曲作者:出示课件(略)

(3)朗读歌词

(4)教师范唱

教师:同学朗读得真不错,结合歌词,同学们听老师演唱《游击队歌》,在听歌的同时,同学们思考两个问题。

(出示课件:a.游击队员在什么情况下同敌人作战的? b.表现了游击队员怎样的精神?)

(学生回答)

教师总结:歌曲的情绪是乐观的、向上的,它表现了游击队员在艰苦的条件下表现出的大无畏的革命精神。

（5）欣赏歌曲。教师弹琴，学生随琴用"啦"默唱。

（6）分析歌曲

①歌曲节奏

同学们再来听唱歌曲。听听歌曲中出现了什么样典型的节奏？（听完后，师参与到学生中去和学生探讨）

教师：咱们首先来看一下歌曲中出现了什么样典型的节奏？

学生回答后，教师写在黑板上：

节奏1：○ ××|×× ×× ×

节奏2：×× ×|×× ×

……

②歌曲旋律线

教师：请同学们在唱歌的基础上，观察旋律线，并在观察旋律线的同时，视唱曲谱。

（出示课件——歌曲的旋律线）

学生随旋律线视唱歌谱。（并用手臂起伏的动作来表现流畅的旋律）

学生试着随老师的伴奏视唱歌谱。

③演唱歌曲时的声音和情感

教师：同学们已基本能正确演唱全曲了，但是老师希望你们能联想在抗战中游击队员的机警和神秘以及乐观精神，带入到歌曲演唱中来。同时想一想应用怎样的速度、力度以及动作表情来演唱这首歌曲才能充分表达出歌曲的内容和情感。

（学生回答）

教师总结：同学们说得非常好，歌曲的第一段是神秘机警的，演唱时应用顿音的感觉去表现。力度稍微大些，短促而有弹性。歌曲的第二段是乐观向上的，演唱时声音应拉开。（教师可做示范）让我们怀着对游击队员的崇敬来演唱这首歌。在演唱时，让我们的手动起来，眉毛扬起来，用你自己的形式来表演出你们对这首歌的理解。

老师弹琴，学生随琴完整演唱歌曲。

巩固新课：

通过反复学唱歌曲，同学们对《游击队歌》有了比较深刻的理解。现在请大家思考，能否用其他的自己喜欢的方式来创作、表现歌曲？大家分组讨论，要注意与音乐的有机结合。老师这里准备了一些物品（部分打击乐器，如小鼓、沙锤、碰铃、口哨、木鱼等），大家可以根据需要来选择。

（学生分组讨论，老师巡回指导，启发学生根据歌曲的节拍、节奏特点，用自己喜爱的方式表现歌曲。）

学生可大胆展示表演。打击乐器组，歌唱组，图画组。

完整演唱《游击队歌》，加入学生的创造性表演。

3.教师小结

通过学习歌曲《游击队歌》，我们进一步理解了中国民族反抗侵略的顽强斗争精神。通过参与、讨论和表演，同学们进一步理解了《游击队歌》的深刻内涵。我相信，这节课同学们学会的不仅仅是一首歌曲，而是找到了艺术审美的自信。今天明媚的阳光辉映着碧蓝的天空，伟大的祖国欣欣向荣。让我们牢记先烈们为今天的美好生活浴血奋战的历史，在歌声中重温那段难忘的烽火历程。

师生听伴奏合唱《游击队歌》，出示课件"牢记国耻，振兴中华"。

（资料来源：王义秀、臧传军．新课程标准与课堂教学实践[M]．北京：北京师范大学出版社，2010.)

音乐课中引入讨论教学法有利于提高学生的鉴赏能力和创新能力。该案例综合使用了讲解法、范唱法，启发、引导式教学法和讨论法，以鉴赏实践贯穿始终。讨论法是和其他教学法相区别而确立，相互渗透而存在，相互配合而起作用的。尤其在巩固新课环节，讨论法使学生有机会交流合作，用自己喜爱的方式重新创造、表现歌曲。

【相关链接】

1. Stephen D.Brookfield &Stephen Preskill 著，罗静等译．实用讨论式教学法[M]．北京：中国轻工业出版社，2011.

2．罗斌．无领导小组讨论教学法研究 [M]．长沙：湖南人民出版社，2011．

3．乌尔、许宏晨．讨论的作用：任务型口语流畅性练习 [M]．北京：外语教学与研究出版社，剑桥：剑桥大学出版社，2011．

4．黑尔（Michael S．Hale）、斯蒂（Elizabeth A．City）、刘雅．学生为中心的课堂讨论 [M]．北京：中国轻工业出版社，2009．

5．厄尔著，国庆祝、撒德全译．课堂讨论——目标教学小智囊 [M]．天津：南开大学出版社，2007．

【要点回顾】

讨论教学法就是在教师的指导下，为实现某个教学目标或解决某个问题而进行合作探究，并因此获取知识、培养能力、交流情感、发展思维的一种教学方法。讨论教学具有互动性、全体性、开放性、主导性等特点。讨论教学法按讨论的规模来分，可分为小组讨论和班级讨论；按讨论是否有准备，可分为即时讨论和专题讨论；按讨论方式来分，可分为设计问题式讨论、课堂穿插式讨论和习题式讨论。讨论教学法的优势表现为有利于培养学生语言表达能力、自学能力，优化知识结构，拓展思维，激发学生的学习兴趣等。新课程背景下讨论教学法的实施有充分的必要性和可行性：首先，讨论教学法的兴起是现代教育研究重心由关注教师如何"教"转向研究学生如何"学"的必然结果。第二，提倡素质教育的新课程标准为讨论法的实施提供了用武之地。第三，讨论法符合青少年学生的心理规律。宏观层次的讨论是指正式的专题讨论课，基本步骤为：准备讨论——组织讨论——归纳呈现——总结评价。微观层次的讨论是穿插在其他教学法当中的非正式的讨论，基本程序为抓住时机，提出问题——组织讨论——综合总结。在讨论法运用过程中，要注意考虑讨论教学法的适用性；教师要承担提问、倾听和回应的责任；注意保持教师和学生发言的平衡；掌握组织讨论的技巧。

【思考题】

1. 名词解释：讨论教学法

2. 讨论教学法的基本特点有哪些?

3. 简述讨论教学法的基本分类。

4. 实施讨论教学法的主客观条件有哪些?

5. 怎样抓住引发讨论的时机?

6. 请你设计并组织一堂讨论课。

第五章 基于新课程的案例教学法

案例导入

　　张老师在讲"deserve"这个词的时候，书上有一个短语"you deserve it"，意思是"你活该"。而"deserve"的汉语意思是"值得"。按汉语思维来讲，后面应该接积极意义的宾语。而英语里它是中性意义，后面除了可以接"鲜花"、"掌声"、"奖牌"，还可以接"惩罚"、"责备"等消极意义的宾语。学生不太理解。于是张老师讲了马克·吐温少年时代的故事：马克·吐温小时候很调皮，经常捉弄老实听话的弟弟亨利。亨利经常向妈妈打小报告，妈妈也知道肯定是马克·吐温惹的祸。有一个夏天，马克·吐温在二楼吃西瓜，留下一个碗型的瓜皮。这时看见亨利从楼下走过来，于是他想出一个恶作剧，把西瓜皮对着亨利的头扔下去。可是几天过去了，没什么动静，他觉得很奇怪。没想到当他路过楼下的时候，一块石头从楼上落下正砸在他的头上。他找妈妈告状，妈妈知道一定是他先招惹弟弟的，对他说："My child，you deserve it！"同学们津津有味地听我讲完，都笑了，"deserve"这个词永远也忘不了啦！

　　可见，课堂举例教学是多么有效的方法。

第一节　案例教学法概述

　　案例教学法的起源最早可以追溯到公元前五世纪的古希腊和罗马时代。作为最早的专业知识传播人员——"辩士"常以比喻、类比的方式，通过问题，引导学生思考，最终完成知识的获取与技能的培养。在我国，关于教育的最早专著《学记》中也早有"罕譬而喻"的教学思想，即教师通过讲解、分析与教学相关的例子让学生理解教学内容、明白事理。这些都可以说是案例教学法的早期形式。而后，柏拉图对这种教学方法进行了发展，将其基本方法与教学案例予以整理，使其系统化，为案例教学法的正式形成和发展奠定了基础。1870 年，哈佛法学院院长蓝德尔首次将案例教学法引入法学教学，并在教学中倡导、实施，由学生主动参与教学案例的分析、讨论。这标志着案例教学法已经成为一种运用于科学教学的现代教学方法。20 世纪 20 年代，案例教学法被推广到诸如政治、管理、公共政策等更广泛的学科课程当中，并获得了空前的成功。

一、概念界定

由于理论与实践研究的视角差别，人们对案例教学法概念的界定也有所区别。波兰著名教育家来舍克·柯瓦柯夫斯基认为："案例教学法是一种以案例为基础，进行研讨的教学方法，这种教学方法在传授知识、概念、理论外也可培养学生推理、批判思考、问题解决的技巧。"美国教育家舒尔曼认为："案例教学法是利用案例作为教学媒介的一种教学方法。"而现代最早采用案例教学法的哈佛法学院将其描述为"一种教师与学生直接参与的，共同对工商管理案例或疑难问题进行讨论的教学方法"。根据我国著名教育家张民杰的《案例教学法——理论与事务》，案例教学法的定义为："案例教学法是指由案例作为师生互动核心的教学方法。具体说来，案例教学法指由案例作为教学材料，结合教学主题，通过讨论、问答等师生互动的教学环节，让学习者了解与教学主题相关的概念或理论，并培养学习者高层次能力的教学方法。"

结合国内外教育界对案例教学法的不同定义，本章将案例教学法定义为：案例教学法是教育者根据一定的教学目标与教学内容要求，以案例为教学基本材料，通过对具体案例的描述和教学过程的精心指导、策划，组织学生对案例进行思考、分析、探究等活动。通过案例的设置，引导学生发现问题的本质，体会知识形成的规律。教学中案例的呈现以个例展示一般，通过师生之间的交流与互动，培养学生发现问题、分析问题、解决问题的能力，加深学生对基本概念和原理的理解。案例教学法作为一种开放式、互动式的新型教学方式在引导学生针对案例进行观察、讨论、思考、归纳的过程中全面提升学生综合素质，实现学生的全面发展。

二、基本特点

（一）真实性

具体教学中，教师所选择或设计的案例大体都以学生实际学习生活经验为主，属于"真实的情境再现"。案例取材于工作、生活中的实际，虽然有时为了符合具体的教学需要而虚拟一些情节，但总体上也是基于客观现实的提炼、模拟、修改和演绎。案例教学法的真实性与学生学习生活经验相符合。学生在教师的引导下，利用自己已有的知识对案例进行分析、思考。案例的真实性也是案例教学法的魅力、价值所在。

（二）启发性

案例教学法的根本目的在于通过对案例的运用，深入理解教学内容，启发学生进行独立思考。案例教学法更关注过程而非简单地强调结果，注重学生能力的形成而非机械地积累知识。教学以具体案例为纽带，帮助学生在校园内就能接触和感知大量的社会、生活实际问题，运用已有的知识，分析思考并得出自己的判断，实现知识从理论到实践的转换，打破了传统课堂教学理论与实践相脱离的弊端。

（三）动态性与多元性

相对于传统教学，案例教学法的另一个显著特点就是其教学过程的动态性。首先，对同一个教学案例，不同的学生会有不同的思考方式与解决问题的方法。答案也相对具有一定的开放性。这就有别于传统固定的课堂教学模式，也不存在绝对的"标准答案"。另外，在教学过程中，师生之间、生生之间的交流互动是推动整个课堂有效运行的动力。教师根据教学目标要求，巧妙设计教学案例；学生积极参与，主动思考，相互讨论；师生双方积通过积极合作共同实现教学目标。

三、主要方式

根据案例的呈现方式可将案例教学法归纳为如下四种方式。

1. 从"例"到"理"型

课堂教学中，教师先展示相关案例，引导学生运用案例主动思考、分析案例并运用已掌握的知识、概念解决问题。学生通过自主合作获取新知，完成认知。这种类型的案例教学法在实际教学中最为常见。

2. 从"理"到"例"型

教师对基本概念进行阐述，而后呈现案例。通过案例启发学生运用基本概念探究、思考。这种案例通常具有释理、证理的作用，一般用于基本概念晦涩、学习难度较大的教学内容中。

3. "例"、"理"同步型

顾名思义，这是将案例呈现与分析、探究基本概念、原理同时进行。即在展示案例的过程中推敲、获得其中蕴含的知识原理。这种案例呈现方式有助于激发学生的学习动机与求知欲，比较适合运用于教学内容复杂的课堂教学中。这种方式要求案例应贴近学生的实际认知经验，保证学生积极主动地参与教学活动。

4. 混合型

实际教学中，教师为达到教学目标，案例的呈现与运用通常很灵活。教师既可以运用一个案例阐述不同的概念原理，也可以运用几个案例分析、论证同一个原理。案例的具体呈现方式也很灵活，不同的呈现方式可以穿插、交替使用。

四、优势与局限性

案例教学法以具体的教学案例为载体，根据一定的教学目标，以案例为切入点从事教学。这种方法在激发学生学习动机，强化课堂师生交流，提升学生分析问题、解决问题能力等方面有着其他教学方法所无法比拟的科学性和实用性。

（一）有利于学生学习方式的转变

应试教育影响下，学生学习缺乏学习的主动性和积极性，学习动机由外因驱使。学生学习过度注重学习结果而忽视学习过程，视学习为负担、枷锁。这不仅不利于学生探究精神的培养，更无法满足新时期我国对合格人才的培养需要。相对于传统教学法，案例教学法通过真实、生动的教学案例，灵活的课堂组织方式鼓励学生主动参与教学活动。学生自主收集资料、处理信息，由被动地灌输转变为主动地学习。学生很容易在学习过程中感受到求知、钻研的乐趣。

（二）有助于学生理解所学知识

传统的课堂教学多以教师讲授为主，不利于学生掌握知识。而案例教学法通过生动、有趣的教学案例完成知识传送，实现认知。这使一些较为抽象的概念和原理通过案例变得清晰、具体。遵循了人由具体到抽象，从感性到理性的认识规律。另外，学生通过案例能够将理论与实际相结合，能够利用所学理论解释实际生活中的现象。

（三）有利于培养学生分析问题、解决问题的能力

案例教学法要求学生能够利用已有知识和经验对案例进行系统、全面的分析与思考，可以使学生了解分析问题、解决问题的思路，并启发学生运用相关的理论和方法提出富有针对性的对策和措施。相对于机械的应试教学，其更能培养学生的质疑精神与反思能力，促进师生、生生的交流与合作。

（四）有利于提高教师专业素质

运用案例教学法对教师的专业知识水平、教学能力、工作热情等都有较高的要求。教师不仅应掌握所授学科渊博的理论知识，还要具有丰富的实际教学经验。教师要不断地学习新知识，完善教学手段。尤其是优秀案例的编辑与选择还要求教师能了解学生认知方式、对现实社会问题保持高度的敏感，不断从社会实践中探寻适宜的教学案例，保证案例的生动性、时效性。案例教学法的运用可以提升教师的综合素质，保证教学质量，使教学活动与社会实际相连接，推进课程改革不断深化。

（五）有利于教师和学生之间的互动

运用案例教学法的课堂，学生积极参与阅读，分析案例，寻求问题的解决方法与途径，他们是整个课堂教学的主体。与此同时，教师是整个案例教学中的主导者。这意味着教师不仅要选择合适的案例帮助学生掌握知识，完成教学目标。还要根据课堂实际情况，随机应变，因势利导。因此，采用案例教学法的课堂是一个师生积极互助、教学相辅的过程。

案例教学法是一种独特的课堂教学方法。它在发挥教师主导作用的同时，帮助学生通过案例完成认知、获得情感体验与学习的方法。但由于师资水平、新课改理念的推广程度、教学评价机制等主客观条件限制，案例教学法在实际教学中仍存在很多不足。

第一，准备工作耗时，影响其他备课内容。一个具有代表性、典型性案例的选择与采用需要很长的准备时间。首先，在选择与收集案例时，在常规备课的基础上还应根据授课内容、学生认知方式、特点等需要权衡各种因素。其次，在案例收集后并不能直接将其投入课堂教学中，还要根据实际教学需要进行修改和加工。最后，某些案例要求学生要事先进行了解。这就要求学生要利用一定的时间理解、分析案例才能保证在课堂教学中的效果。所以，从案例的准备到呈现都需要教师与学生花费一定的时间，这也无形中影响了其他教育活动的进行，影响了整体的教学效果与效率。

第二，案例重复频率高，缺乏新颖性。如上所述，由于案例的选择与搜集需要花费很长的时间，教师为了节省教学时间，会直接利用已有教学案例。这就造成了案例类型单一，重复率高。学生容易产生厌学心理，无法激发起其学习热情与探究精神，降低了学生的学习积极性，反而丧失了案例教学的初衷。

第三，不利于学生系统掌握相关的理论知识。舒尔曼曾指出"案例往往是间接的、不连续的，在学生的头脑里很难被建构或组织成更大的整体"。可见，任何一个案例都无法涵盖全部的知识体系。案例虽然在帮助学生主动思考、理解知识、运用知识方面起着积极的作用。但学生很难通过案例获得全部的教学内容。因此，采取案例教学法就其知识系统性而言却有所局限。

第四，教学效果评价难度较高。案例教学过程的动态性与课堂的开放性造成了评价标准的多样化，这给学习效果的评价带来了难度。单一的评价体系显然不能满足实际教学需要。但如果综合各项指标，不仅实施困难，而且缺乏一定的参考标准，影响了教学的及时反馈。

案例教学法作为一种能开发学生智力、提高学生决策能力和综合素质的新型教学方法，在实际教学中具有一定的启发性和实践性。虽然案例教学法由于其自身特点与不足，无法满足所有的教学要求，但随着新课程改革的不断推广和深入，案例教学法也将不断强化和推广，在教学中彰显其强大的影响力。

第二节　新课程背景下案例教学法的实施

一、实施的必要性与可行性

新课程背景下，案例教学法实施的必要性与可行性是由其相对于传统教学的特点、在价值目标和教学功能方面与新课标的一致性以及现代技术手段的有利条件所决定的。

（一）案例教学与传统教学具有互补性

案例教学与传统教学有着多方面的差异：在教学目标方面，传统的课堂教学主要侧重于传授知识，而案例教学强调培养学生发现问题、分析问题和解决问题的能力。在教学载体方面，传统教学使用的是统一的固定教材，而案例教学所使用的则是根据真实情况编写的灵活应用于教学的案例。在教学方式方面，传统教学主要采用讲授式，而案例教学则强调启发式。在沟通渠道方面，在传统教学中，知识由教师向学生单项流动，而案例教学的沟通渠道则具有师生互动、生生互动的多向性。师生在教学活动中的角色发生根本转变，传统教学中教师是知识的传授者，是权威的指导者，任务是传授书本知识，学生是接受知识的容器，是被支配的教学客体，任务是理解和记忆知识；而在案例教学中，学生是教学活动的主体，他们必须做充分的准备，积极参与有关案例的分析、讨论和辩论，教师的任务则是提供资料，协助讨论，控制话题。由于案例教学强调学生的主体地位，各个环节都离不开学生积极参与，比起传统教学来更能激发学生的学习积极性。在学习效果方面，传统教学中学生获得的是人类的间接经验，是经过教师加工整理过的系统二手知识；而在案例教学中，学生通过体验、研究分析真实的或接近实际的案例，获得的是"第一手"知识。在教学效果方面，传统教学有利于传授系统的知识而缺乏能力培养，而案例教学注重能力培养，却在知识传授的系统性上存在不足。

表1 案例教学与传统教学的差别

类别	传统教学	案例教学
教学目标	传授知识	培养能力
教学载体	教科书	案例
教学方式	讲授式	启发式
沟通渠道	单项流动	多向流动
教师地位	主要地位	从属地位
学生地位	被动地位	主动地位
学习积极性	积极性较低	积极性较高
学习效率	"第二手"的知识	"第一手"的知识
教学效果	学习系统知识效率高，能力培养效果差	能力培养效果好，学习系统知识效率低

（张家军、靳玉乐．论案例教学的本质与特点[J].中国教育学刊，2004.）

综上所述，两种教学方式的巨大差别说明案例教学的提出是对传统教学在教学目标、教学载体、教学方式、沟通渠道等多方面进行的革命。案例教学法能够弥补传统教学的多处不足，尤其是从学习效果和教学效果上看，案例教学法更有利于培养应用型人才。

（二）案例教学法在价值目标和教学功能上与新课程标准相一致

传统教学认为案例的实践性、个别性与知识的系统性、逻辑性之间的矛盾不可调和，从而形成了重理论轻实践的教学价值观。其价值目标是培养理论型的人文知识分子，而不是应用型专业人才。而案例教学法一方面强调教学功能的实用性，一方面并不排斥理论知识的指导作用。事实上，理论知识可以通过对案例的分析和讲解来传授，效果甚至比单纯的讲授更好。反过来，案例教学本身需要理论知识的指导，离不开相应的理论支持。可以说，案例教学就是对理论知识的应用，其系统性上的不足可以与讲授法互补。由此可见，案例教学强调了知识与技能的统一。另外，案例教学法是以学生为中心的教学方法，重视学生的学习过程和学习方法的掌握，强调了过程与方法的统一。最后，案例教学法非常重视反思及价值澄清，在案例的选择和应用过程中，教师必须考虑对学生情感态度和价值观方面的正面引导。案例教学法将学生置于特定的情境当中，站在当事人的立场上去体验、评价和决策，不仅有利于锻炼他们解决问题的能力，还有利于培养他们的职业道德修养和社会责任感。综上所述，案例教学法与新课程三维目标相一致，适应新时代培养全面发展人才的要求。

（三）现代技术手段为案例教学法的实施提供了有利条件

案例教学法诞生之初，案例的来源非常简单，一些新闻报道、法律文件、业务报告等曾为哈佛商学院援为案例，用于课堂讨论。随着现代科技和媒体的发展，案例的来源越来越广泛，案例的时效性和时代性也进一步增强。教师和学生可以从多种途径收集合适的案例。除了在生活实践和社会调查中获得第一手材料，从报刊、杂志、书籍中提炼素材，更方便的是可以通过网络、广播、电视等媒体搜索相关案例。人们获得信息的渠道开放多样，使案例的内容和形式也变得丰富多彩。案例不仅可以是一段文字描述，也可以是一段视频或一段录音。总之，现代技术手段为教学案例的选择提供了很大的便利，也为案例的使用提供了有利平台。

二、实施的基本步骤

案例教学法实施的基本步骤包括：案例设计——案例呈现——案例分析——案例总结。

案例设计是实施案例教学法的基础和前提。高质量的案例是保证案例教学成功的关键，也是教师工作的重点和难点。案例教学需要教师在教学目标、案例收集和编写方面做充分的准备。首先，教师要明确教学目标。明确的教学目标是教学的出发点和归宿。有了明确的教学目标，案例教学才有的放矢。案例是为实现教学目标服务的，而不能就案例说案例，流于形式。其次，要根据教学目标收集适合的案例。案例的获得渠道多样，最方便常用的方法就是使用书中提供的案例。教材中的案例一般是最典型最有针对性的，在用好书中案例的基础上再开发其他案例资源。报刊、杂志、书籍也是案例的主要来源。网络、广播、电视等媒体为案例的收集提供了便利条件。另外，教师也可以依据自己的经验或经历编写案例。

这里需要注意的是，案例资料不一定是收集来就可以直接应用的，必须加工成适合教学的成品。有人把案例编写比喻为模仿真实生活情境的创作，把案例比作"剧情说明书"。一个案例通常必须专注于单一事件，即一次讨论一个事件，使学生能够确实了解此案例所要传达的主要信息。

案例呈现是案例的实施环节。呈现案例有多种途径：一是教师口头表达，二是印发资料，三是使用多媒体，四是通过丰富多彩的活动呈现。比较简单的案例可以采用口头表达。篇幅较长的新闻报道类案例适合以复印资料的形式发给学生阅读。为了使学生感受到真实生动的场景，还可以通过多媒体呈现视频、音频形式的案例。这样不仅可以活跃课堂气氛，增强学生学习动机，还可以使学生乐于参与其中，及早进入角色。在案例引入和展开过程中，教师要配以讲解，语言要简洁生动，突出重点，控制好讲解时间。总的来说，在案例呈现阶段，教师要设计好呈现的形式、切入的方式、展开的步骤等，根据教学目标、学生的实际水平、学生的课堂反应确定教学难点和重点，设置要讨论的问题，为案例分析做好铺垫。

案例分析是案例教学的重要环节。案例分析阶段一般分为三个步骤，即个人分析、小组讨论和全班交流。如果说案例是剧情说明书，那么案例分析可谓是重头戏。首先，每个学生都要熟悉"剧情"，设想自己如果是当事人或决策者会怎么想、怎么做。其次，若干人形成小组分享各自的观点，针对疑难和争议进行讨论。最后，每组选派代表以宣读报告的方式表达本组观点，发言后要接受其他小组的询问并作出解答，也可以通过辩论的形式在全班交流各组观点。教师要扮演好"导演"或"主持人"的角色，控制好讨论的节奏和步骤，应对好可能出现的新观点或怪想法。虽然这个阶段给学生的压力比较大，但同时也为他们提供了锻炼的机会和学习的动力。

案例总结是案例教学必不可少的收尾环节。这个阶段可以由教师点评总结，注重对学生参与过程的评价。也可以要求学生以书面作业的形式做总结报告或论文，以加深对案例所反映问题的理解和认识。

三、实施的注意事项

新课程背景下运用案例教学法要注意案例选取和编写、课堂上的互动、案例教学法的适用性等方面的问题。

第一，案例的选取和编写要遵循真实性、时代性、思辨性等原则。首先，所选的案例要真实可信。案例的作用是呈现现实生活中的实际问题，供学生分析讨论，提出解决方案，以达到教学的目的。虚假的案例不禁推敲，不能反映现实情境。案例必须来源于实践，即使是教师根据教学需要进行改编也要以事实为依据。其次，所选案例要突出时代性。依据课程内容，案例所涉及的范围广泛，古今中外、天文地理、人文社会等，但最终落脚点都要放在当今时代的背景下，解决现存的问题。例如有教师在讲授文化与经济政治的关系时，选取超级女声比赛所带来的广告收益、美国拍中国题材电影《花木兰》、各地举办文化节富含商机等热点事件为案例。另有教师在地理课上讲授区域可持续发展，采用美国对田纳西河流域的开发整治与我国对长江流域的治理情况做比较的案例。在思想政治、法律基础等课上更是可以选取时效性强的新闻报道、专题访谈等节目作为案例。陈年旧事、老生常谈不会引起学生的兴趣，教育价值也将大打折扣。

第二，要注重教学过程中的互动交流。案例教学法与其他教学方法相比，最主要的特点是基于案例所进行的互动交流。案例的真正价值就来自于师生与生生之间的讨论。案例法不仅让学生向书本和老师学习，而且让他们相互学习。简单地来说，案例教学的过程就是学生主体在特定教学目标的指导下进入某情境，在与老师和同伴的讨论中获得知识、提高能力。没有这种互动交流就不是真正的案例教学。一方面，教师作为组织者、协调者和指导者，要注意以下几点。首先，把教学过程视为一种交往情境，营造平等、民主的课堂环境，使学生在没有畏惧心理的宽松气氛中充分表达自己的观点，从而促进群体思考，增强主动学习的动机。其次，要大胆放手，鼓励学生表达和互动。很多教师担心或者怀疑学生的能力和素质，不敢展开讨论和辩论，结果案例教学只停留在举例教学，教师包办分析和总结。要提高学生的能力和素质，教师必须渐渐放手，启发、引导学生独立思考，养成敢于表达、乐于讨论的学习习惯。最后，教师要摆脱"唯一标准答案"的枷锁。案例本身就是引发讨论的开放性问题。教师在讨论中也是学习者、参与者，并不是手握权威答案的评判者。另一方面，学生作为主体要感受到压力，承担讨论解决方案的任务，积极参与讨论，发表看法，提出质疑。在心理上要克服思维惰性，改掉等待标准答案的学习习惯，要以开放的、辩证的方式对待老师和同伴的观点。

第三，要注意案例教学法的适用性。虽然案例教学法与传统教学相比体现了很多优势，符合培养应用型、创造型人才的要求，但它有它的局限和特点，并不是包治百病的灵丹妙药，并不是所有课程都可以使用案例教学法。案例教学法的应用要考虑到课程类型、教学目标、学生的认知水平等因素，注意与其他教学方法和教学手段相结合。

第三节　新课程背景下案例教学法的案例实录与评析

新课程背景下，传统教学模式已不能满足时代对人才多样化和实用化的需求。如何走出困境、探索新型教学模式是教育工作者正在努力解决的重要课题。实施案例教学是深化教育教学改革、努力培养学生创新精神和实践能力的重要举措。一线教师在教学实践中掌握案例教学的实施技巧，践行案例教学法与其他多种教学方法的结合就显得尤为重要。

实例一 《地形对聚落及交通线分布的影响》教学设计

河北省邢台市第一中学 武冬林

一、教学设想

本节是第四章"自然环境对人类活动的影响"的第一节内容，学习自然条件对人类活动的影响，需要把握具有递进关系的三个观念。第一，自然条件是人类活动的基础。第二，人类可以对自然条件进行改造。第三，随着经济、技术的发展，人类对自然条件的利用程度在不断加深，利用范围在不断扩展。

二、教学目标

1. 知识与技能

（1）能够说出聚落的概念和分布。

（2）能举例说明地形对聚落类型、分布、规模和发展的影响。

（3）结合本课例子，说明地形对交通线路密度、分布及形态的影响。

（4）巩固阅读、分析、运用地理图文资料的技能。

2. 过程与方法

（1）通过案例剖析，提高学生获取信息解决问题的能力，初步掌握案例分析法。

（2）通过问题探讨，发展学生合作交流的能力，提高学生地理思维能力。

3. 情感态度与价值观

激发学生探究地理问题的兴趣和动机，树立因地制宜的观念。

三、学情分析

高一学生通过初中区域地理的学习，对世界及中国的地形、城市、交通线的分布有了一定的了解。本校的学生来源广泛，他们有的来自于山区的农村，有的来自于平原地区的农村，有的来自于城镇，他们对自己长期居住的聚落有一定的了解。高中学生已具备了一定的自学能力、阅读能力、观察思维能力和分析问题的能力。而且经过前面三个单元的学习，已积累了一些案例分析的经验。

四、教学方法

本章教材编写的特点是采用了案例学习的思路来安排教学内容，提供了众多的地理图像，宜采用案例教学法、问题探究法和读图导学法等教学方法。

五、教学过程

1. 导入新课

师：（课堂调查）请同学们写出自己的家所在的乡村或城镇，说明所在的地形、人口总数，若是乡村，写出到最近的一个乡村的距离。（联系生活实际，调动学生参与学习的兴趣）

师：多媒体展示同学们对自己家乡聚落的说明，或由学生本人陈述。

2. 新课教学

（1）地形对聚落分布的影响（板书）

①聚落的概念和分类（板书）

师：同学们有的来自乡村，有的来自于城市，城市和乡村都是聚落。请你根据自己对家乡的了解说说什么是聚落？

生：聚落是指人类从事生产和生活活动而聚居的场所。（教师引导学生重新审视自己居住的聚落，培养学生分析概括的能力，加深对概念的理解）

师：请大家根据对自己居住地的了解，说说聚落的形成、分布、规模等会受到哪些因素的影响？

生：地形、气候、河流、交通等因素。

师：地形对聚落的形成和发展有着重要的作用，地形对聚落到底有怎样的影响呢？

②地形对聚落的影响（板书）

案例一：山区聚落与平原聚落（多媒体呈现教材图4-3和图4-4）

师：两幅图中，哪一幅是山区的聚落？哪一幅是平原的聚落？

生：图4-3是山区的聚落，图4-4是平原的聚落。

师：简要说明它们的主要差异？（引导学生从聚落的占地规模、人口多少、形状格局来观察分析）

填写表格：山区聚落与平原聚落的差异

聚落类型	地形特征	占地规模	人口数量	形态布局
平原聚落	平坦广阔	大	多	团聚状、棋盘式
山区聚落	地形复杂	小	少	分散状

师：从地形角度，分析两种聚落类型的形成原因？

（教师可对学生进行分组讨论，家住山区的同学分成若干个组，家住平原的同学分成若干个组）

通过以上分析大家可能会有这样一个感觉：平原地区更容易形成聚落，且规模较大，那是不是高原山区就不会有较大的聚落呢？（肯定不是）现在我就给大家介绍一个高原上的水乡古城——丽江。

案例二：丽江古城（多媒体呈现丽江古城的文字及图片资料）

师：阅读丽江材料和丽江古城图，分析丽江古城在形成和发展中利用了哪些有利的地形条件？

生：虽然西、北两面靠山，但东、南两面较开阔，有利于城市的建设和布局。

师：丽江古城在形成和发展中对哪些自然条件进行了改造？

生：将源于玉龙雪山的玉河水，引入城中，并贯穿于大街小巷，改善了城市的水源条件，促进了城市发展。

师：从丽江的发展中，你能得到什么启示呢？

引导学生分析讨论，明白自然条件是人类社会发展的基础，人类在发展中可以对自然条件进行改造。然后，鼓励学生从自然条件方面分析自己家乡的聚落，实现课标的要求。

人们的生产和生活需要有一个场所——聚落，不同的聚落之间则需要有交通来联系，地形影响着聚落，对交通线的建设也会产生重要影响。（承转并引出本节第二个主题）

（2）地形对交通线分布的影响（板书）

①影响交通线分布的因素

案例三：展示青藏高原图片。修建进藏铁路最早有三个方案：青藏线、滇藏线和川藏线。为什么选青藏线？（试从线路长短，沿线的地形、地质加以分析）

方案	线路长度	沿线自然条件
青藏铁路	1097km	穿过藏北高原，地势较高，起伏不大，分布有冻土
川藏铁路	2000km	穿越横断山区，高山深谷，跨越众多水系，沿途有雪山冻土、地震、滑坡、泥石流等灾害
滇藏铁路	1836km	穿越横断山区，高山深谷，跨越澜沧江、怒江，其间多断层、积雪和冰川

教师点拨：青藏铁路的建设是社会经济发展的需要，同时又充分考虑了地形、地质、气候、生态、冻土等自然条件。

②地形的影响

案例四：我国地形大势对交通线分布密度影响（多媒体呈现教材图4—8和图4—9）

师：我国地势三大阶梯上的交通线分布密度有何差异？

问题探究：讨论地形大势与交通线分布密度之间的关系，并分析原因。

学生分组讨论，学生代表阐述观点。

教师归纳：第三级阶梯地势平坦，修筑道路受地形限制少，所以密度大。一、二阶梯以高原山地为主，地形起伏大，筑路技术难度高，所以交通线密度小。

教师展示我国铁路交通图，验证学生的判断是否正确。

师：（承转）刚才我们以我国地形地势与交通线路分布为例从宏观的角度介绍了地形对交通线路分布的影响，现在我们就以一个具体的地区为例来看看地形是如何来影响交通线路布局和形态特征的。

案例五：四川省地形与交通线的布局（多媒体呈现介绍四川省地形的文字资料及相关的图片）

师：简要说明四川省不同地形区内的交通线的布局特点和形态特征。

生：川西高原，山河纵列，相间分布，且山高谷深，故线路稀疏。为了减缓道路的坡度，山区公路多呈"之"字形分布，多沿山谷延伸。

生：四川盆地中部有平原、丘陵和山地等，特别是成都平原，对交通限制较少，故在人口稠密的平原地区，交通线路一般呈网状分布。

教师归纳总结，指导学生填写表格

方案	线路长度	沿线自然条件
青藏铁路	1097km	穿过藏北高原，地势较高，起伏不大，分布有冻土
川藏铁路	2000km	穿越横断山区，高山深谷，跨越众多水系，沿途有雪山冻土、地震、滑坡、泥石流等灾害
滇藏铁路	1836km	穿越横断山区，高山深谷，跨越澜沧江、怒江，其间多断层、积雪和冰川

（小结）影响聚落分布的因素除地形之外，还有气候、水文、人口、资源、城镇分布等多种因素，因此在进行交通线路的选线时，要充分考虑沿线的自然、经

济、社会、交通、技术、生态等因素的综合影响，选择有利地形，避开不利地段，尽可能降低工程造价，设法减少对生态环境的破坏。

（资料节选自：王义秀、臧传军．新课程标准与课堂教学实践[M]．北京：北京师范大学出版社，2010．）

地理案例教学也是新课程的特色之一。地理学科具有很强的地域性。一个具体的案例可以创设特定的情境，能够激发学生的探究愿望；体现一定地域特色的案例，有利于帮助他们形成区域认识；通过不同区域的比较分析可以提高学生的思辨能力。

该教学设计在教学设想中提出，本节重点在于教育学生形成人与自然的关系的正确观念，而"不是要系统学习各种自然条件对人类活动方方面面的影响"，能够用案例解释证明，"不要求做纯理论的阐述"。根据学情的分析，学生有一定的知识储备和自学、阅读、观察思维和分析问题的能力。三维教学目标通过对案例的分析和总结实现。可见，本节课具备使用案例教学法的可行性条件。一共使用了五则案例，通过多媒体展示文字、图片、数据等资料。每则案例都设置了问题、讨论和总结，一步步引导学生深入认识地形对聚落和交通线路分布的影响。

案例二 《技术应用的两面性》教学设计

河北省邢台市第一中学 师海谦

一、教学设想

本节的教学重点是技术应用的两面性，可持续发展的观念是本节的重点，因为较难理解，也是本节课的难点。

针对本节的特点，我设计的是首先以学生感兴趣的视频进行引入，然后组织讨论，尤其启发学生关心身边的事，找到典型事件进行分析、辩论，从而让学生切身感受到技术应用的两面性，并试图找到解决的方法，进而引进利用新技术，走可持续发展的道路。这是本节课的教学设想，并且希望通过这样的教学探索使学生更喜欢《通用技术》这门课，培养和提高学生的技术素养，促进其富有个性地全面发展。

二、教学目标

1. 知识与技能

理解技术的双刃剑作用，能对典型案例进行分析；了解不同技术应用的两面性，提高明辨是非、逻辑和批判性思维能力；正确而全面地认识技术的作用和地位，提高对重大技术问题的分析、参与和决策能力。

2. 过程与方法

在讨论过程中加深对技术两面性的理解。

3. 情感态度与价值观

形成与技术相联系的经济意识、环保意识、伦理意识等。

三、学情分析

学生对技术应用的正面影响了解得较多，对技术应用的负面影响知道得较少，对技术的双刃剑作用的提法比较陌生。

学生对可持续发展的观念了解得不全面、不系统，比较难以理解。

学生对书本的东西容易理解，但是很难结合现实的身边的事例。

四、教学方法

以多媒体课件为主线，通过图片展示、视频欣赏、理论解析、案例分析、小组讨论、联系探究等方法，实现教学三维目标。

五、课时安排

教学过程	时间按（分钟）
视频引入	4
学生分析和教师总结	4
视频展示：克隆技术的争议	4
分组辩论	7
教师评价	3
身边的典型事例及分析	9
发展技术的图片及总结	2
视频总结	3
课下小论文布置	4

总计时间约 40 分钟，其中学生活动和自主探究占 2/3 的时间。

六、教学过程

(1) 引入：播放剪辑后五分钟的视频短片《2012》4 分钟，短片的主要内容是：

自然环境和资源长期被人类掠夺性破坏，地球自身的平衡系统已经面临崩溃，人类即将面临空前的自然灾害。

（2）请同学们发表感想。

在充分让学生畅所欲言的基础上，引导学生从技术应用的效果的角度思考问题。

（3）教师总结：任何事物客观上都具有两面性，技术也不例外。它既可以给人们带来福音，也可能给人们带来危害。电影《2012》所表现的就是全球化生态危机可能对地球带来的灾难。

图片展示：工业废气、电子垃圾、世界气候大会（略）

（4）视频展示：克隆技术的争议（3分钟）

（5）分组讨论：对克隆技术是支持还是反对，各说说理由。

（6）教师评析：科学技术有时就是一把双刃剑，有利也有弊，没有标准答案！就看人们怎样利用了！克隆实验的实施促进了遗传学的发展，为"制造"能移植于人体的动物器官开辟了前景，同时克隆技术对家庭关系带来的影响也将是巨大的。

因此，我们说技术的负面效应不但表现在对生态环境的影响，也表现在对伦理道德方面的影响。从"一分为二"的哲学观点看，任何事物都具有两面性。但是，必然有一面是主导的，这一面就决定了事物的基本特征。一个有用的技术项目或产品，只要它存在价值，尽管它还存在某种危机和隐患，我们仍然要使用它，这就是我们对待两面性的正确态度。

（7）提出问题：请同学们结合日常生活和你的所见所闻，举出身边的技术应用的负面影响的例子，并提出应对措施。

（8）板书同学们找到的典型事例，逐一进行分析。

①邢台市泉水的干涸。

②一次性塑料袋问题。

③废旧电池

④旧家电，旧通讯设备。

⑤Ｂ超鉴定胎儿性别问题。

⑥邢台市郊县最近增多很多高污染企业。

（9）教师和学生共同总结。

技术既可以给人们带来福音，也可能给人们带来危害。实用性是技术的基本特性。没有实用价值的技术，就无法满足人类的需求，也就没有存在的意义。但是，如果实用性被发展到不恰当的地步，甚至于不考虑技术对环境、对他人造成的不良影响而盲目地追求功利性，这就违背了技术的本义，走向了它的反面。所以，我们应该"一分为二"地看待"技术的两面性"。任何事物都具有两面性。但是，必然有一面是主导的，这一面就决定了事物的基本特征。一个有用的技术项目或产品，只要它存在价值，尽管它还存在某种危机和隐患，我们仍然要使用它，这就是我们对待两面性的正确态度。

（10）发展新技术。

①图片展示：太阳能电池板，天然彩色棉，燃料电池汽车，滴灌技术等。

②视频展示《2012》片段，三分钟。主要内容：人类终于在方舟中躲过了这一全球性的灾害，获得了继续繁衍和发展的希望。

③发展新技术，造福全人类。相信人类的理智和智慧，定能找到解决技术两面性问题的办法，开创更加美好的明天。

（11）引出"可持续发展"，请同学们课下搜集材料，完成小论文《我所理解的可持续发展》。

（资料节选自：王义秀、臧传军．新课程标准语课堂教学实践[M]．北京：北京师范大学出版社，2010．）

该教学设计充分发挥了案例教学的优势。案例的呈现形式多样——电影片段、纪录片、图片、学生举例等。案例分析采取个人发言、小组讨论、分组辩论、师生共同分析等多种形式。每小节讨论结束之后都有教师评析或师生共同总结。课程最后布置小论文作业，进一步拓展课题。值得借鉴的是，电影《2012》引入教学的开始和结尾，使教学过程完整，前后呼应，抓住了学生的兴趣点；引导学生列举生活中的例子讨论，从现实入手理解看似抽象的科技问题；以头脑风暴的讨论形式促进发散思维，实现教学相长。

【相关链接】

1．吕良环．案例式英语教学论 [M]．合肥：安徽教育出版社，2011．

2．朱欣欣．小学数学案例教学论 [M]．杭州：浙江大学出版社，2011．

3．冯杰编著．高中物理探究实验及案例教学设计 [M]．北京：北京大学出版社，2011．

4．陈庭．高中地理案例教学研究 [M]．上海：复旦大学出版社，2009．

5．鲍建生、王浩、孤冷元．聚焦课堂——课堂教学视频案例的研究与制作 [M]．上海：上海教育出版社，2005．

6．案例教学专辑网：http://www.sjedu.cn/xxzb/2004-5.htm

7．忻州师范学院案例教学网：http://dept.xztc.edu.cn/aljx/index.htm

8．哈佛商学院案例教学网：http://www.hbs.edu/teaching/

【要点回顾】

案例教学法指教育者根据一定教学目标与教学内容要求，以案例为教学基本材料，通过对具体案例的描述和教学过程的精心指导、策划，组织学生对案例进行思考、分析、探究等活动。案例教学注重教师主导性与学生主体性的结合，强调案例的真实性、启发性以及教学过程的动态性与教学结果的多元性。根据案例的呈现方式可将案例教学法归纳为：从"例"到"理"型、从"理"到"例"型、"例"、"理"同步型和混合型。案例教学法的优势体现在其有利于学生学习方式的转变，有助于学生理解所学知识，有利于培养学生分析问题、解决问题的能力，有利于提高教师素质，提高教学质量和教学水平，有利于教师和学生之间的互动。其局限性表现为准备工作耗时，影响其他备课内容；案例重复频率高，缺乏新颖性；不利于学生系统掌握相关的理论知识；教学效果评价难度较高。新课程背景下，案例教学法实施的必要性与可行性是由其相对于传统教学的特点、在价值目标和教学功能方面与新课标的一致性以及现代技术手段的有利条件所决定的。案例教学法实施的基本步骤包括：案例设计——案例呈现——案例分析——案例总结。在教学实践中应用案例教学法要注意案例选取和编写、课堂上的互动、案例教学法的适用性等方面的问题。

【思考题】

1．名词解释：案例教学法

2．试分析案例教学与举例教学的异同。

3．与其他方法相比，案例教学法有哪些突出优势？又有哪些不足和局限？

4．简述案例教学法实施的基本步骤。

5．请举例说明案例教学法怎样实现新课程的三维目标？

6．请设计一次案例教学的实例。

第六章　基于新课程的尝试教学法

 案例导入

　　16岁那年，我高一还没有读完，就下乡当小学代课教师，1956年考上大学，教育系是文科，不考数学，也不读数学。因此，我当时数学水平也就是一个初中毕业生的水平。我就采用一边自学，一边教学的办法，先自学例题，弄懂后再做习题，书上的每道题都要做一遍，并研究编者为什么要设计这道题，有什么作用。我从初中一直教到高中，有时遇到难题，怎么都解不出来，碍于面子我又不敢去问教研组的同行，一个大学教师连书上的数学题都不会做，这不成了笑话？我就找参考书，逼着自己一定要想出来，果然这一"逼上梁山"，自己就做出来了。

　　我用这个方法不但自己学会了，还能教别人。为何不把这套自学方法教给学生呢？我自己教的班，当然我做主。我就要求学生先自学例题，然后尝试做书上的练习题，有困难我再讲解。这套方法真灵，学生反映"邱老师的课听得懂，学得会，又有趣"，教学成绩居然在全县名列前茅。（资料来源：邱学华．请不要告诉我，让我先试一试[J]．人民教育，2011：13-14．）

第一节　尝试教学法概述

　　"尝试教学法"是我国特级教师、小学数学教学法专家邱学华同志提出的。"深化教改实验，建设有中国特色的教学理论体系。"这是柳斌为尝试教学理论研究丛书的题词。这句题词充分肯定了尝试教学法在我国当代教学改革中的成就。和众多中国本土教学法一样，尝试教学法也是根植于中国国情、根据一线教学实际需要提出和发展起来的。上世纪八十年代，发端于小学数学教学领域的尝试教学，在经历了探索、发展、推广等阶段，经受了质疑、批判等考验，已经由教学经验升华为教学理论，成为较有成效的典型教学法之一。

一、概念界定

"尝"是指辨别滋味，有"体验"的意思。"试"是指按照预定的想法非正式地做。"有预定的想法"，就不是盲目的，而是经过事先思考的、有计划的。"非正式地做"，就是说对试过后可能犯的错误是容忍的。尝试教学既是一种教学活动，也是一种尝试活动。它注重学生作为学习主体的体验和感知，让学生在教科书和教师的指导下，自主思考、勇于探索、不怕犯错，最终获得解决学习问题的有效信息，达到学习知识、掌握技能的目的。

邱学华老师将尝试教学法的理论实质简明地概括为"学生能尝试，尝试能成功，成功能创新"。在尝试教学理论指导下的尝试教学法有其鲜明的特点，即"先试后导，先练后讲"。可以说，尝试教学是对传统教学以教定学、先教后学的颠覆。尝试教学看似只是简单地将教学环节的先后顺序做了变动，而教学理念和教学效果却发生了巨大的变革。

总而言之，尝试教学法是由教师先提出问题，让学生在旧知识的基础上，自学课本和相互讨论，依靠自己的努力初步解决尝试问题，最后由教师给予有针对性的讲解。

二、基本特点

早在 1988 年，华东师范大学名誉校长刘佛年在为邱学华的《尝试教学法》题词中，就高度赞扬尝试教学法具有以下特点：它既吸收了古今中外一些有影响的教学法的积极因素，又符合我国大部分学校当前的教学条件与需要；它既有一定的理论基础，而实践的方法又简便易行，几乎每个小学教师都能掌握，每个学生都能适应；它虽有一个大致的模式，但又反对机械搬用，强调从实际情况出发灵活运用；它在实践中已显示了巨大的效果，但又实事求是地指出自己的局限性，承认它不是万应如意的灵药。

邱学华老师认为尝试教学法作为一种尝试活动具有三个特点：

第一，通过学生尝试活动达到教学大纲所规定的教学目标，尝试目标非常明确。

第二，学生尝试活动过程中有教师的指导，它是一种有指导的尝试。

第三，尝试形式主要是解决教师根据教学内容所提出的尝试问题。

尝试教学法的核心特点也是最鲜明的特点，就是"先学后导，先练后讲"。

三、优势与局限性

实践证明，尝试教学法具有多方面的优势[1]：

（一）有利于大面积提高教学质量，提高全民族的素质

尝试教学法是在乡村教学实践经验中发展起来的教学方法，其简便高效的特点便于掌握和推广，能够反过来有效应用于广大城乡的教学实践，从而惠及广大城乡师生。数十年的试点成果也证明，尝试教学法有利于大面积提高教学质量，有利于义务教育的实施，有利于提高全民族的素质。

（二）有利于培养学生的探索精神和自学能力，促进智力发展

尝试教学打破了教师讲、学生听，教师问、学生答的传统教学模式，是以学生为本的教学方法。把学习的主动权交给学生，有利于培养其探索精神和自学能力，促进智力发展。这对于培养勇于思考、勇于探索、勇于创新的社会主义现代化建设人才有着重要意义。

（三）有利于提高课堂教学效率，减轻课外作业负担

传统教学不顾学生的接受程度，一律从头讲起，讲授占用课堂大部分时间，

---

[1] 邱学华、苏春景编著.中国当代著名教学流派——邱学华与尝试教学法[M].北京：中国青年出版社，2001：92—99.

学生练习和思考的时间被压缩，教师也不能及时得到学生的反馈。这是教师往往卖力讲课，而教学效率低下的重要原因之一。而尝试教学课堂以学生自主尝试学习为主，然后教师针对学生的学习难点和教科书的教学重点有的放矢地讲解，大大提高了教学效率。同时尝试教学强调做到四个"当堂"，即当堂完成作业，当堂校对作业，当堂订正作业，当堂解决问题。有利于减轻学生的学习负担，提高教学质量。

（四）有利于促进教学改革，提高教师素质

尝试教学法受到广大教师，尤其是乡村教师的欢迎，掀起了广大城乡地区实施尝试教学改革的热潮。尝试教学理论的推广应用促进了教育思想观念的转变和一系列课堂结构、作业处理、考试方法的改革。广大教师也在尝试教学改革过程中得到锻炼和提高。

尝试教学法的局限性体现在其实施条件上。尝试教学法与其他任何教学法一样，并不是万能的，尝试的成功也离不开一定的条件。从学生的角度来讲，首先，尝试成功离不开旧知识的迁移作用，即学生要有一定的旧知识作为基础。例如，对于一年级新生，阅读课本都有困难，不具备理解和讨论所需的基础知识和经验，不适合使用尝试教学法。其次，学生要有一定的自学能力。教师要相信每个学生都有尝试成功的潜力，中差生更需要锻炼独立看书、思考的能力，所以要给他们尝试的机会，但也不能放任自流，须知学生的自学能力是逐渐培养的，不可能一蹴而就。在选择尝试教学模式时要考虑学生的自学能力水平。从课程的角度而言，尝试教学法适用于知识系统性比较强的课程。这也是由于课程内容的承接性有利于学生在已有知识的基础上自学。对于初步概念的引入课，由于学生初次接触原始概念，所以不适合使用尝试教学法。如果教学内容的实践性较强，不是学生通过阅读和讨论就能理解和掌握的，也不适合采用此法。另外，尝试教学不可能解决教学中的所有问题，生搬硬套不可取，一用到底也不必要，它要与其他各种教学法综合互补，灵活应用，才能更好发挥作用。

第二节 新课程背景下尝试教学法的实施

一、实施的必要性与可行性

第一,尝试教学法是符合中国国情的教学方法。首先,在条件艰苦的农村学校,尝试教学法也有用武之地。过去农村学校"时间加汗水,日光加灯光"的陈旧教学模式已不能满足社会、家长、学生对教育的要求, 找到一种既简便又科学的教学之路迫在眉睫。探索试验证明,以尝试教学法为突破口推进素质教学是切实可行的。尝试教学法仍以课本为依托,教师不必掌握高深的教育理论,也不需要高科技手段支持, 它仅仅改变了教学习惯, 从先教再学转变为先学再教。很多偏远山区的学校师资力量不足,不得不实行复式教学,尝试教学法充分高效利用了课堂时间, 提高了学生的自学能力, 减轻了教师的负担。其次, 即使在大班级,尝试教学法也能发挥作用。目前, 中国城乡中小学每个班级至少有三十人以上, 甚至七八十人。大班级影响了很多现代教学方法优势的发挥,但是本土诞生的尝试教学法却克服了这样的不利情况。班级人数的多少并不影响学生的参与尝试活动。先学后教, 当堂训练, 大大提高课堂效率,减轻师生的负担。总之, 尝试教学法以其简单易行、明了朴实的品质 , 为中国的教学改革提供了可行性选择,有利于大面积提高教学质量, 提高全民素质。

第二,尝试教学法是经过实践检验的有效教学方法。从 20 世纪 60 年代开始酝酿思考, 到 80 年代正式启动教学实验,尝试教学法经历了长达数十年的研究与实践。从尝试教学法的试行到尝试教学理论的研究, 再到向尝试教育理论研究方向发展,完整的尝试教学的理论体系逐步建立起来。尝试教学的应用范围不断扩大,从小学数学开始, 横向拓展到语文、自然、社会、思想品德、音、体、美等各科,纵向向下渗透到幼儿园,向上拓展到中学各科及大学,由普通教育发展到职业教育。尝试教学的实验规模也不断扩大,目前已有 2300 多个实验基地,遍布全国 31 个省、市、自治区及香港、澳门、台湾。使用教师约 70 万人,受教学生达 3000 多万。[1]尝试教学法的蓬勃发展，正体现了其强大的生命力。尝试成功的奇迹故事众多，例如偏远山区的某牧区小学，毕业会考数学及格率为37.4%，平均分40.84分。实施尝试教学法第二年成绩超过中心校，第三年获全旗第一。此后11年，毕业生平均成绩年年90分以上。[2]总之，事实证明尝试教学经历了历史和实践的检验，为中国基础教育改革做出了重要贡献。

第三，尝试教学法是和新课改精神相契合的教学方法。两者都注重学生的自主学习与求知。尝试的思想体现在教学实践中就是要改变先教后学的接受式学习、不动脑筋的死记硬背、先讲后练的机械训练，给学生提供自主探求新知识、解决新问题以及交流合作的机会。尝试的过程实质上也是学生的自主学习过程，学习中有质疑，有发现，有探究，有合作，有交流。教师、课本所发挥重要指导和示范作用，目的也是保证学生的主体地位。自学能力的培养是素质教育和终身学习的必然要求。尝试是众多教改实验的共同亮点，其他众多教改实验无不闪耀着尝试思想的光辉。

二、实施的基本步骤及变式

尝试教学法的基本操作模式分为三个阶段、七个步骤：

第一步，准备练习。准备练习是为解决尝试题所准备的，主要是预习活动。依据学案，明确学习要点，梳理相关基础知识，提出思考题，过渡到尝试题，发挥旧知识的迁移作用。这是个"以旧引新"的过程，为下一步搭桥铺路。教师的任务是启发引导，创设情境，提出问题，引发思考。学生的任务是预习课本、归纳知识点、回答思考题或提出自己的问题。

第二步，出示尝试题。数学科根据例题编写尝试题，以便学生通过阅读理解课本例题和解答思路模仿解决类似问题。其他科目根据教学目标要求设计尝试问题情境，引导学生思考解答。尝试题要有针对性、启发性和趣味性，进而激发学

---

[1] 邱学华、张良朋.尝试教学策略[M].北京：北京师范大学出版社，2010：13.

[2] 王旗荣.尝试教学法促我成长[J].人民教育，2011：13-14.

生尝试的动机和热情。

第三步，自学课本。尝试题引发了学生的好奇心，产生了解决问题的愿望，而课本是学生解题的主要参考资料，这时可引导学生自学课本。自学过程中，学生可以向老师请教或和同学商量。带着目的研读教科书，往往学习效率会更高。当大部分学生掌握了尝试题的解答办法时，进行尝试练习的时机便成熟了。

第四步，尝试练习。解答尝试题的过程中，教师要走到学生中去，随时提供帮助，及时掌握学生的反馈情况，使下一步讲解更具有针对性。这个环节中，学生可以继续参考课本，也可以同学间相互帮助。尝试题做完后便进入下一步的正式讨论。

第五步，学生讨论。这是学生对尝试结果自我评价的过程。学生通过尝试练习得出的答案可能各异，如果是理科题目，需要讨论的是一题多解，还是有对有错，如果是文科开放式题目，则需要讨论如何自圆其说，做到有理有据。这个过程让学生锻炼敢于质疑、与同伴辩论、为同伴讲解、与同伴合作的能力。通过讨论达到认识的统一和深化。当学生迫切要知道老师的见解时，教师的讲解火候便到了。

第六步，教师讲解。这是教师对尝试结果的评价过程。教师的主导作用在此主要体现在针对学生尝试的情况做总结梳理、讲解归纳，形成系统性认识。因为学生尝试在先，教师不必从头讲起，抓住重点、难点、关键点即可。学生会做题并不等于掌握了其中的规律，明白其中的道理，所以教师的讲解是尝试教学的重要一环。

第七步，第二次尝试练习。这是巩固新知识的重要步骤，给学生"再射一箭"的机会。第二次尝试题要与第一次尝试题有联系又有区别，注意层次和形式的变化，以考查学生对新知识的灵活运用能力。练习后教师补充讲解，使学生的认识水平更高一步。

这七个步骤分为三个阶段。第一步是学生尝试活动的准备阶段。第二步至第六步是学生主体尝试阶段。第七步是延伸阶段。七个步骤构成一个有机整体。但教学模式的相对稳定性并不意味着必须教条地一步步执行，教师要在坚持"先试后导""先练后讲"基本精神的指导下，根据具体情况灵活应变。

下面通过邱学华老师本人的课例及听课教师的评析了解尝试教学模式的灵活运用。

案例一　小学数学《年、月、日》课堂实录

【教学目标】

1. 使学生理解时间单位"年、月、日"的基础知识

2. 通过自学课本、观察讨论、游戏活动，培养学生尝试能力、观察思考能力和创造力

【教学过程】

一、导入新课

师：今天我们分小组学习，比一比，看哪组学得好。你们有组长吗？（生：没有）那么每组推选一名组长。

[评] 注意小组合作学习的组织。

有个宝宝真稀奇，身穿三百多件衣，天天都要脱一件，等到年底剩张皮。（打一日用品）

谜底是什么？要说出道理。

（学生兴趣盎然，立即开始组内讨论，很快说出来谜底和道理。教师表扬）

[评] 由猜谜引入，设计巧妙，迅速激起学生的兴趣。

师（出示准备好的日历本，板书课题）：今天的年、月、日，从日历本上可以看到。年、月、日都是时间单位。以前我们学过时间单位吗？（生：学过时、分、秒）好，哪组说，今天我们要学什么？

生：要学年、月、日的知识。

师：不错，能再具体点吗？

生：以前我们学过多少秒等于1分，多少分等于1小时，今天我们也要学年、月、日的进率。

[评] 通过回忆旧知识，使学生明确学习目标，妙在让学生自己悟出。课题和

教学目标及早出示，使学生学习有了方向，这是学生自主学习的重要条件。

二、尝试自学

师：现在想一想，你们都知道年、月、日的哪些知识？先小组讨论，再推出代表发言。

（小组讨论，再举手回答）

生：一年有 12 个月，小月 30 天，大月 31 天，一天有 24 小时。平年 2 月 28 天，闰年 2 月 29 天。

生：平年 365 天，闰年 366 天。

生：一年有 7 个大月，4 个小月，二月是特别的月。

生：年分为闰年和平年。

生：地球自转一圈就是一日。

生：每 4 年里有 1 个闰年、3 年平年。

[评] 这一设计别开生面，又十分合理。布鲁姆说过：对数学影响最大的是学生已有的知识。这样安排既了解了学生已有的知识，调动了学生的积极性，体现了学生的主体地位。学生已经知道的，教师就不必再讲，这是一个简单的真理，却常常被我们忽略。

师：嗬！你们知道这么多年、月、日的知识，真聪明！现在大家看看课本，看书上还有什么刚才没有讲到的；另外对书上说的有什么意见，看哪组能提出意见来。先在小组里说一说。

（学生看书、讨论，然后举手发言）

生：课本上还说，公历年份是 4 的倍数的那年一般是闰年；

生：但年份数是整百数的，必须是 400 的倍数才是闰年；

生：我们居住的地球总是绕太阳旋转的，地球绕太阳转一圈需要 365 天 5 时48 分 46 秒。

生：平年定为 365 天，这样每过 4 年差不多就要多出一天来。把这一天加在二月里，这一年就有 366 天，叫做闰年。

生：如果不知道哪个月是大月小月，可以数拳头。

生：12月又叫腊月（农历）。

[评] 了解学生已有知识后，教师仍不讲解，而让学生看书自学。这里贯彻了一个原则：凡学生自己能弄懂的，尽量让他们自己弄懂。这是体现学生自主性的一个重要原则。在安排看书时，鼓励学生对书本提出疑问，更进一步体现了自主性。这里充分显示了教师先进的教育思想和高水平的教学艺术。

师：大家学得真好！不要老师讲，就都学会了。下面再说说，你们对书上说的有什么疑问，有什么意见吗？

生：我有意见。书上的年历是1993年的，但今年是1998年，太落后了。

师：为什么会这样呢？

生：可能这本书是1993年出版的，过了这么久，应该把年历换一换。

师：好，我们把这条意见反映给写书的先生。（表扬这位同学）

生：我有问题。为什么一年是12个月，不能有13个月呢？

师：对呀，为什么一定要是12个月呢？

生：12个月可以分成四份，一年四季，每季3个月。

生：16个月也好分呀，每季延长一个月就行了。

师：这与月亮绕地球一圈的时间有关。月球绕地球一周时间是29天多一点，一年定12个月，每月的天数最接近这个时间。

大月、小月的认识

师：难的是记住哪些月份是大月，哪些月份是小月。

生（齐）：不难！

师：不难？好，谁来说说？

生：1、3、5、7、8、10、12是大月，4、6、9、11是小月。2月是特殊的月份。

师：大月的排列有什么规律？

生：用拳头数，凸起的地方是大月。

师：太麻烦，不好。

生：有一首歌：一三五七八十腊，三十一天永不差。

师：这是用歌诀来背诵，还不是规律。

生：我发现大月的月份前面，1、3、5、7都是单数，后面的8、10、12都是双数。

师：好！你叫什么名字？你真是个数学家！我们可以编个歌诀：7月前面是单数，8月后面是双数。

[评] 师生讨论，气氛热烈，激励、引导，步步深入。

师：现在我们来做个游戏。一、三、五组当大月，二、四、六组当小月。我报一个月份数，月份数是大月的，一、三、五组站起来；是小月的，二、四、六组站起来。

（师生游戏）

师：再做个游戏。生日在大月的站起来；生日在小月的站起来，生日在2月的有吗？

[评] 既是游戏，又是巩固练习。一张一弛活跃气氛。

平年、闰年的认识

师：大月、小月我们学好了，但是平年、闰年更难了。

生（齐）：不怕！

师：也不怕！有信心，好！找找规律看。（幻灯出示1980—2000各年份的天数，题略）

（学生观察、讨论，然后举手回答）

生：每四年的最后一年是闰年。

生：用年份数除以4，能整除的是闰年；如果是整百数，能被400整除的是闰年。

师：能不能够一眼看出来？

生：只要是双数的是闰年。

师：对不对？

生：不对，1982年是平年，却不是闰年。

生：只需要看双数的，再看后两位能不能被4整除。

师：好！你也是一位数学家！整百数又怎么看呢？

生：只要看头两位能不能被4整除。

师：好极了！你们都是数学家！

[评] 又一次师生的精彩讨论，"数学家"越来越多了。

师：今天有香港、澳门的专家、老师参加大会，我再提两个问题：香港回归是哪年、哪月、哪日？澳门呢？（回答略）

课堂游戏

师：最后我们做个游戏。我发现大人物的生日都与"9"有关，信不信？

生：不信！

师：不信？我举个例子给你们看。3月5日是周恩来总理诞生100周年纪念日，他的生日是哪一年？（生：1898年）对。先写出生日的年、月、日数，再倒过来写出一个数，再求这两个数的差，最后把差的各位数相加，一直加到一位数，如果是9的话，这个人将来就是大人物。看我计算：

```
  538981
 -189835
 ───────
  349146    3+4+9+1+4+6=27    2+7=9
```

是不是得出"9"了？

再找一个同学的生日看看。说说你的生日（1989年4月2日）。好，我们来算算：

```
  249891
 -198942
 ───────
   50949    5+0+9+4+9=27    2+7=9
```

嗯，看来你们也是大人物。信不信？还是不信？对了，这是邱老师玩的游戏。其实算命都是骗人的鬼话。按照这样计算，每个人的生日都会得出"9"。你们可以自己算一算。道理是什么？你们到中学再多学一些数学知识就会明白的。有兴趣的同学，现在也可以找课外书看看，而且是任意几位数，倒过来相减的差，都会得出"9"。

好了，今天大家学得很好。下课！

[评] 游戏是最能吸引儿童的。以游戏结束，课虽上完了，同学们对学习数学

的兴趣却更强烈了。

[总评] 邱老师的这节课的一个突出特点是上得活。整堂课学生兴趣盎然，情绪高涨。之所以能上得这样的活，是因为教师充分调动了学生的主动性：采用分组教学；尽量让学生通过看书、讨论来自己学习；鼓励学生大胆质疑；充分地、巧妙地利用激励、表扬的手段调动学生的积极性。这节课的另一个特点是教学内容有一定深度。年、月、日这节课由于内容的特点，很容易上成单纯的记忆课。教师认真钻研教材，找出了大月和闰年在数学上的特点，并巧妙地引导学生自己发现它。末尾又巧妙地运用数学游戏，进一步激发了学生对数学的兴趣。

（湖南省小学教师培训中心　吴重光整理评析）

（资料来源：http://www.try-qxh.cn/qxh/ShowArticle.asp?ArticleID=991）

一种科学的教学法绝不是僵化的模式。在"先试后导、先练后讲"精神指导下，尝试教学法的基本操作模式可以有多种变式，根据不同的学情和教学条件的变化灵活应用。

调换式：出示尝试题→尝试练习→自学课本→学生讨论→教师讲解

增添式：出示尝试题→学生讨论／动手操作→自学课本→尝试练习→学生讨论→教师讲解

结合式：出示尝试题→自学课本、尝试练习（边学边练）→学生讨论、教师讲解（边议边讲）

超前式（课外预习补充式）：（上一堂课）出示尝试题→（课外）自学课本、尝试练习→（本堂课）学生讨论、教师讲解→第二次尝试练习

三、实施的注意事项

为了提高尝试教学法的效率，要注意对待尝试错误和把握尝试成功两方面的问题。

第一，正确对待尝试中的错误。鼓励尝试就必须允许犯错。虽然错误不可避免地会产生负面影响，但绝不能把错误视为洪水猛兽。相反，错误正是学生学习

状况的外显。教师一方面要采取宽容和理解的态度，另一方面要抓住时机把错误转化为教学资源。错误的教育价值在于：暴露问题，帮助教师了解学生的学习困难；此路不同，则另辟蹊径，激发大胆创新的精神；个别人的错误可以给全体学生提供启发和借鉴；在自觉检查错误、反思错误中养成自学的习惯；学生在针对错误进行的交流讨论和互助讲解过程中提高整体素质；教师利用错误作为教学素材，引发学生探索新知的兴趣……

第二，把握达到尝试成功的因素。要充分发挥学生的主体作用，正确处理教师的指导作用，努力增强课本的示范作用，积极促进旧知识的迁移作用，组织增进学生之间的互补作用，多方营造师生多向情感作用，适当利用教学手段的辅助作用。充分发挥学生的主体作用，调动学生的积极性和主动性，这是保证尝试成功的基础。正确处理教师的主导作用，使学生的尝试活动在有效指导下进行，这是保证尝试成功的关键。努力增强课本的示范作用，让学生通过自学探索解决问题的思路和途径，这是保证尝试成功的重要条件。积极促进旧知识的迁移作用，把迁移作用渗透到各个教学环节中，这为尝试成功提供客观可能性。组织增进学生之间的互补作用，加强学生之间的合作交流，这是促进尝试成功的有利条件。多方营造师生多向情感作用，发挥非智力因素的积极作用，为尝试成功创造良好的学习环境。适当利用教学手段的辅助作用，实现传统和现代教学手段优势互补，这是保证尝试成功的重要策略。

第三节　新课程背景下尝试教学法的案例实录与评析

新课程改革要求教师转变传统教育思想，确保学生的主体地位。而尝试教学法为学生的自主学习提供了机会，将讲堂变成学堂，是新课程背景下一种有效的教学方法，具有重要的实践价值。除了数学教学领域，尝试教学法在其他科目也得到了积极的尝试和推广。

实例一　尝试教学物理教案（动能和势能）

课　时：一课时　　时　间：45分钟　　授课教师：吴熙堂　单　位：天柱县邦洞镇中学

【授课内容】动能和势能（初级中学教科书《物理》第二册第一章第一节^美。）

【教学方法】尝试教学法

【教学目标】

（1）知道什么是动能、重力势能、弹性势能、机械能，并能举例说明。

（2）知道动能、重力势能、弹性势能的大小各与什么因素有关，并能解释简单的现象。

【授课步骤】

一、出示尝试题（2分钟）。教师先用小黑板出示下列尝试题。（课前准备）

（1）做功的两个必要因素是什么？

（2）日常生活中学生们在报刊上看到"开发能源"、"能源危机"、"节能先进"、"耗能大户"以及"原子能"、"电能"等这些话表示什么含义？

二、自学课本（8分钟）

根据学生解答第一次尝试练习的实际情况，教师有必要对做功的两个必要因素进行复习以及对"开发能源""节能先进"这些术语进行解释和知识点拨。通过开发利用能源、节约使用能源联系到能量的概念，提出什么是动能、重力势能、弹性势能、机械能以及影响动能、重力势能、弹性势能的大小各有什么因素，引入新课。指导学生认真自学课文第二页第二段至第四段与第三页第一段至第三段的内容。

三、尝试练习（8分钟）

学生自学课文结束后，教师可用小黑板出示下列尝试题（课前准备）：

（1）一个物体能够 ＿＿＿＿ 我们就说它具有能，物体由于运动而具有的能叫做 ＿＿＿＿；运动的长期物体 ＿＿＿＿ 越大，＿＿＿＿ 越大，＿＿＿＿ 就越大。

（2）被举高的物体具有的能叫 ＿＿＿＿；物体的 ＿＿＿＿ 越大，举得越 ＿＿＿＿，它具有的 ＿＿＿＿ 就越大。

（3）物体发生弹性形变而具有的能叫 ＿＿＿＿；物体的弹性形变越大，它具有的 ＿＿＿＿ 就越大。

(4) _____ 和 _____ 统称为机械能,机械能的大小可以用 _____ 的多少来衡量,机械能的单位是 _____。

四、学生讨论 (2分钟)

通过学生第二次尝试练习发现的问题,知识的疑点、难点,让学生分小组进行充分的讨论后,让学生自己总结出什么是动能、重力势能、弹性势能、机械能,影响动能、重力势能、弹性势能大小的因素。

五、教师讲解 (20分钟)

根据教学大纲提出的教学要求,结合课文中的实验做好演示实验,教师可把本节的教学内容设计成如下知识框架结构:

教师通过以上知识框架讲解,归纳出本节知识的重难点。(1) 什么是动能、重力势能? (2) 影响动能和重力势能大小的因素有哪些? 并提醒学生注意:(1) 动能和势能统称机械能,一个物体既可以有动能,又可以有势能。(2) 一个物体能够做的功越多,表示这个物体的能量越大,能量的大小可以用做功的多少来衡量,功和能的国际单位都是焦耳。

(资料来源:为您服务教学网－邱学华尝试教学 http://www.wsbedu.com/jia/cnedu—33—qiu.html)

根据教学需要,尝试教学模式有多种灵活变式,可以增添或精简或调换步骤。此案例采用了主体尝试阶段的五个步骤。首先,出示尝试问题,以疑引思,复习旧知识,引出新知识。明确了教学目标,有了尝试题引路,学生开始有目的地自学课本。自学之后做尝试练习,学以致用,巩固刚接触的新知识。接着针对第二次尝试练习发现的问题和知识的疑点、难点组织学生讨论,增强合作意识,实现生生互补,形成民主、活跃的课堂气氛。最后教师讲解环节,起到梳理总结知识点的作用,又通过演示实验,使学生的理性认识与感性认识结合。

实例二　小学语文《翠鸟》教学设计

江苏省宿迁市实验小学　张春红

【教材简析】

本文是第六册语文课本中的一篇记叙文,生动形象地记叙了翠鸟的外形和生活习性，字里行间流露出作者对翠鸟的喜爱之情。

【教学目标】

1．使学生了解翠鸟的外形和生活习性，启发学生树立喜爱动物、热爱大自然的高尚情操。

2．学会本课生字，积累新词，会用"机灵"、"愿望"造句。

3．复习总分的句群关系，懂得分述部分分几方面写。

【教学过程】

一、导入新课，尝试审题

同学们，今天老师给你们请来了一位小客人，你们看看是谁呀？（投影片出示翠鸟）

翠鸟生长在我国东部和南部的许多地方，它不仅美丽，还有高超的捉鱼本领，所以人们又称它"叼鱼郎"。今天我们就一起来学习第10课"翠鸟"。（板书课题，学生齐读课题）

看到这个课题你想知道什么？

投影片出示教师总结出的三点：翠鸟是什么样子的？翠鸟是怎样捉鱼的？翠鸟的家在哪里？

二、出示尝试目标

今天这堂课我们将先尝试着解答第一个问题，完成这些任务。（幻灯出示尝试目标）

1．了解翠鸟外形特点，体会作者对翠鸟的喜爱之情。

2．学习按一定顺序及抓特点观察的方法，能联系上下文理解部分词语。

3．能正确、流利地朗读课文，有感情地朗读并背诵第一自然段。

三、尝试初读课文

1．学生自读课文，借助拼音，读准字音，读通课文，遇到生字和难读的字多读几遍。

2．读了课文后，你知道了哪些与翠鸟有关的知识？

3．检查字词。疾飞　锐利　绣满　等待　蹬开　逮

4．教师范读课文，要求学生边听边完成。

① 给自然段标上序号。

② 找一找，课文中哪几个自然段向我们介绍了翠鸟的外形？

四、尝试学习第一自然段

看录像，思考：你看到了什么？它给你总的印象是什么？你觉得翠鸟哪儿最漂亮？

出示尝试题。

① 作者从哪几方面来介绍翠鸟外形的？按什么顺序来介绍的？从哪句话可以看出来？各方面有何特点？请用"△"标出描述翠鸟各方面特点的词。

② 翠鸟全身形状特点是什么？请用"~~~~"划出，并理解"小巧玲珑"这个词。

③ 课文用了哪些语句描写翠鸟羽毛颜色的，请用"＿＿＿"划出。

小组讨论尝试题，师生交流

板书： 　　　　　　　红色的爪子

羽毛（颜色鲜艳）

翠鸟（小巧玲珑）眼睛（透亮灵活）

　　　　　　　嘴（又尖又长）

重点段落理解，幻灯出示：它的颜色非常鲜艳。头上的羽毛像橄榄色的头巾，绣满了翠绿色的花纹。背上的羽毛像浅绿色的外衣。腹部的羽毛像赤褐色的衬衫。

① 读这段话，完成思考题。

这段话共有（　）句，主要讲（　），课文从（　）、（　）、（　）三个方面，把这个内容写具体了，因此第（　）句是总起句。

② 师生分读：师读总起句，生读分述句。

③ 理解"鲜艳"一词：

A. 头上的羽毛怎么鲜艳？（区分橄榄色与翠绿色）为什么用"绣"而不用"画"？（出示手绢，比较"绣"与"画"的不同效果）（板书：橄榄色、翠绿色）

B. 背上的羽毛怎么鲜艳？认识浅绿色。（板书：浅绿色）

C. 腹部的羽毛怎么鲜艳？认识赤褐色。（板书：赤褐色）

D. 理解"鲜艳"是什么意思。

E．这是些什么句子？这样写有什么好处？

④ 有感情地朗读这段话。（个人读，学生领读、齐读）

五、尝试练习，巩固新知

1．出示一张画有翠鸟的图片，请同学动手到黑板上贴，其他同学在座位上自己动手贴。

2．说话训练：看图片进行说话训练，展开想象说一说翠鸟美丽的样子像什么。

3．练习背诵。①做填空练习，为背诵打基础。②试背诵第一自然段（自由背、指名背、齐背）

六、总结：介绍其他种类的翠鸟并作总结。

（资料来源：邱学华、苏春景编著．中国当代著名教学流派——邱学华与尝试教学法 [M]．北京：中国青年出版社，2001.）

该阅读课教学设计运用了多种尝试教学策略。首先，在尝试准备阶段，开门见山点明课题，但不急于出示教学目标，而是提出"看到这个课题你想知道什么"这个问题，根据学生的求知内容引出尝试目标，明确学生的注意方向。第二，在课文学习阶段，采用结合尝试模式，把语言文字练习、课文内容理解、阅读朗读训练、情感价值渗透等教学目标融入到课文学习过程中。边学边练，边议边讲，同时进行。最后，该课调用了多种尝试手段，增强教学效果。贴画、投影片、录像等教具的使用，阅读、朗读、背诵、讨论、笔答、说话训练等活动的组织，使尝试教学课堂轻松愉快、丰富多彩。

【相关链接】

1．邱学华、张良朋．尝试教学策略 [M]．北京：北京师范大学出版社，2010．

2．邱学华．邱学华怎样教小学数学 [M]．北京：中国林业出版社，2007．

3．邱学华、苏春景编著．中国当代著名教学流派——邱学华与尝试教学法 [M]．北京：中国青年出版社，2001．

4．邱学华主编．小学语文尝试教学设计 [M]．北京：教育科学出版社，2000．

5. 邱学华. 邱学华尝试教学课堂艺术 [M]. 北京：北方工业大学出版社，2000.

6. 邱学华主编. 幼儿尝试教育活动设计 [M]. 北京：教育科学出版社，1999.

7. 邱学华主编. 小学数学尝试教学设计 [M]. 北京：教育科学出版社，1999.

8. 邱学华. 尝试教学法 [M]. 福州：福建教育出版社，1988.

9. 邱学华尝试教学法：http://www.wsbedu.com/jia/changshi.asp

10. 邱学华尝试教学在线：http://www.try-qxh.cn/qxh/

【要点回顾】

尝试教学法是由教师先提出问题，让学生在旧知识的基础上，自学课本和相互讨论，依靠自己的努力初步解决尝试问题，最后由教师给予有针对性的讲解的方法。其理论实质是"学生能尝试，尝试能成功，成功能创新。"核心特点是"先试后导，先练后讲"。实践证明，尝试教学法具有多方面的优势：有利于大面积提高教学质量，提高全民族的素质；有利于培养学生的探索精神和自学能力，促进智力发展；有利于提高课堂教学效率，减轻课外作业负担；有利于促进教学改革，提高教师素质。尝试教学法的局限性体现在其实施条件上。从课程的角度而言，尝试教学法适用于知识系统性比较强的课程。对于初步概念的引入课和教学内容的实践性较强的课程，都不适合采用此法。尝试教学法是符合中国国情的教学方法。在条件艰苦的农村学校，尝试教学法也有用武之地。即使在大班级，尝试教学法也能发挥作用。尝试教学法是经过实践检验的有效教学方法，为中国基础教育改革做出了重要贡献。尝试教学法是和新课改精神相契合的教学方法，两者都注重学生的自主学习与求知。新课程背景下，尝试教学法实施的具有充分的必要性和可行性。尝试教学法的基本操作模式分为三个阶段、七个步骤：准备练习是准备阶段；学生主体尝试阶段包括出示尝试题，自学课文，尝试练习，学生讨论，教师讲解；第二次尝试练习是延伸阶段。在"先试后导、先练后讲"精神指导下，尝试教学法的基本操作模式可以有多种变式，如调换式、增添式、结合式、课外预习补充式等。为了提高尝试教学法的效率，需要注意对待尝试中的错误，把握达到尝试成功的因素。

【思考题】

1. 名词解释：尝试教学法

2. 尝试教学模式有哪些变式？

3. 达到尝试成功的因素有哪些？

4. 如何对待学生的尝试错误？

5. 为什么说尝试教学法是具有中国特色的教学法？

第七章 基于新课程的情境教学法

案例导入

　　那是在阅读课上留下 5 分钟进行片断的语言训练。课文是《小马过河》，一篇童话里面有几个角色：老马、小马、松鼠、老牛，课文生动描写了它们的对话和说话时的神情动作。我想通过创设情境，让学生在描述中运用提示语。那天我班刚巧获得卫生红旗。我请班上年龄最小的吴洲表演。

　　我对吴洲说："吴洲，今天班上得红旗，你高兴吗？"他点点头，我又接着说："那你就告诉大家这个好消息，蹦蹦跳跳地跑进教室，非常高兴地告诉大家，最好说两遍，好吗？"

　　可爱的小吴洲跑着，笑着，报告好消息。我要孩子们把吴洲的神情、动作、报告的内容说一说。结果看了吴洲的表演，大家开心得不得了。因为那时语文课堂上有这样的表演，还是十分新鲜的事！孩子兴奋不已，纷纷举手，争相发言，他们说：

　　"吴洲连蹦带跳地说：'我们班上得红旗了！'"

　　"吴洲跑进教室，欢天喜地说：'我们班上得红旗了！'"

　　"吴洲兴高采烈地大声喊：'我们班上得红旗了！'"

　　……

　　描写吴洲动态的词语，像炒豆子似的从孩子们嘴里蹦跳而出。孩子们的兴奋感染了我……我真想不到，孩子们对创设的情境是这么欢迎。语言活动热烈进行着，学生思维非常活跃。我真是开心呀！那天，听课的老师都说："李吉林，你今天这个办法好。"

（资料来源：李吉林．我的情境教育探索之路 [J]．基础教育，2005(07、08).)

第一节　情境教学法概述

一、概念界定

　　情境教学法并不是现代教学的产物。据《论语》记载，孔子在教育学生时特别注重"愤"、"悱"而后才予以"启"、"发"。而对"愤""悱"的关注实际上就是对教学时机与教学情境的关注。所谓"不愤不启，不悱不发，举一隅而不以三隅反，则不复也"是指当学生心理想弄通而未通的时候——"愤"以及学生口里想说而说不出的时候——"悱"，在这种情境中去启发学生就能获得较好的教学效果。又如，据史料记载当孔子欲知其弟子们的志向及其对礼仪的看法时，曰"以吾一日长乎尔，毋吾以也。居则曰：'不吾知也！'如或知尔，则何以哉？"孔子并没有直接与弟子们谈论他们的志向与礼仪态度的问题，而是创设了"我比你们年长，但你们不要因此拘束，不敢发言。你们平常说'不了解我啊'，如果有人想了解的话，那么你们打算怎么做？"这样一个诱发思考的情境，然后在弟子们回答的基础上进行深入诱导与启发。另外，我国古代《列女传·母仪传》中记载的我们所熟知的"孟母三迁"和"断织教子"的故事，也是情境教学的典型范例。在古希腊，大教育家苏格拉底运用"产婆术"，通过问题的设置使学生陷入无法解答的矛盾之中，然后通过富有启发性的问题继续追问，使学生在发现自己的错误与矛盾时，主动思索，最后得出合乎要求的答案。这种方式实际上也是通过问题创设教学情境帮助学生获取知识的过程。从严格意义上来讲，这些都可谓是情境教学法的萌芽。

　　18 世纪，法国著名思想家卢梭在其教育名著《爱弥儿》中也有运用情境教育法的描述。根据书中描述，当爱弥儿的教师试图向爱弥儿教授自然常识（辨别大自然的方向）时，教师并没有直接向其讲授知识，而是将爱弥儿带到大森林中，讲解他们所遇见的具体植物、动物知识，当爱弥儿又累又饿准备回家的时候却"云深不知处"，迷失了方向，这时教师要求他根据刚才所学习的有关动植物的知识和大自然的情况来辨别方向。通过直观的情境教学法，教师成功地引导爱弥儿进行学习与思考，并培养了其运用知识的能力。美国实用主义教育家杜威则进一步丰富和发展了情境教学法，"我们主张必须有一个实际的经验情境，作为思维的开始阶段。"杜威提倡知识是个体在实际生活中的经验与认知。教学也必须有一定的教学情境，合理地利用教学情境能有效地实现新知识与个体已有认知体系的有效结合，激发学生学习动机与学习兴趣。1989 年，Brow、Collin、Duguid 在一篇名为《情境认知与学习文化》的论文中首次提到了情境教学法，并对情境学习进行了进一步系统地阐述。他们认为"知识只有在它们产生及应用的情境中才能产生意义。知识绝不能从它本身所处的环境中孤立出来，学习知识的最好方法就是在情境中进行。"

我国的教育学专家在经过大量的理论研究及实践检验的基础上，对情景教学法也提出了不同的概念界定。

钟启泉教授认为"情境教学法是指创设含有真实事件或真实问题的情境，学生在探究事件或解决问题的过程中自主地理解知识、建构意义。"语文情境教学的创建者李吉林老师针对传统语文教学呆板、繁琐、片面、低效等弊端，受外语教学情境进行语言学习与训练的启发，吸收、借鉴我国古代问题中的"意境"理论总结出："情境教学就是从'情'与'境'、'情'与'辞'、'情'与'理'、'情'与'全面发展'的辩证关系出发，创设典型的场景，激起儿童热烈的情绪，把情感活动和认知活动结合起来所创建的一种教学模式。

根据情境教学的发展历程与特点，结合不同时期、不同历史背景下人们对情境教学法的理解。我们可以将情境教学法的概念进行如下界定：情境教学法是以现代教育学、心理学及方法论为指导，教师根据教学内容、教学目标、学生的认知水平和心理特征，有目的地引入、创设教学场景，构建具有情绪色彩、生动具体的场景，使师生设身处"境"，实现认知与情感、形象思维与抽象思维、教与学巧妙地有机结合，培养学生积极的态度体验，实现知识构建，激发其学习动机的教学方法。

二、基本特点

新课程改革背景下，情境教学法被赋予了鲜明的时代特征和浓郁的时代气息。情境教学法的理论内涵是丰富深刻的，课堂实施方法也是具体有效的。总体来看，情境教学法的特点体现在以下几方面：

（一）审美性

前苏联著名教育家苏霍姆林斯基曾经说过"教育如果没有美，那是不可思议的"。情境教学法在教育目标、内容、方法、实现途径等各方面都体现着鲜明的审美性。教师通过对教学情境的精心设计，逐步向学生渗透相应的审美观，有效地规避了传统教育教学中认知学习与学生情感、审美体验相分离的弊端。教师利用情境教学法创设具有美的形式、内容的教学情境，激发学生强烈的审美需求与审美愿望。教师借助于具体的语言描绘、教具辅助、音乐渲染等方式吸引学生的注意力，强化学生的学习动机，由"境"引导学生学会审美。在教师的启发与引导下，学生以情境为背景实现认知的过程，也完成了对审美信息的接受、感受和掌握。情境教学法以人类"美的规律"为主线创建教学情境，以实现学生自主学习和自我教育。

（二）开放性

完成教育教学目标、实现学生的全面发展仅仅依靠有限的课堂教学是远远不够的。情境教学法能够突破教材、教室的局限，拓宽课堂教学的渠道，带学生走进实际生活，走入大自然，走向现实社会。情境教学法不同于一般的教学方法，其所有的课堂教学活动都限于课堂内、校园中，这种教学方法不仅能够创设虚拟的教学情境，让学生通过模仿的方式来实现认知，更能利用现实社会环境丰富学生的认知内容。利用这种教学方法不仅有助于调动学生学习的积极性，同时也有助于在自然情境中完成教学目标与任务。这里以李吉林老师的《荷花淀》为例说明情景教学的开放性特点。

案例一 《荷花淀》情境教学环节

教学目标：学习以简洁传神的对话和生动的细节刻画人物的手法；学习本文充满诗情画意的景物描写，理解"诗体小说"的特点；学习白洋淀地区人民英勇抗日的爱国热忱和革命乐观主义精神。

创设教学情境：导入课文，创设情境。在优美的背景音乐中，通过多媒体教室向学生展示白洋淀的风光图片，把学生带入美妙的境界，使学生进入审美享受的情景，激发学生的求知欲。

情感体验：体会女人们不同的性格特点和语言特色，完成教学目标。

师生讨论：每一个同学都表演完后，及时组织学生进行分析并进行讨论，学生先互评，而后教师再加以点评。强化知识体系，引导学生情感、态度、价值观的形成。（珍惜现在来之不易的和平生活）

（资料来源：http://new.060s.com/article/2011/09/19/304731.2.htm）

在这节课上，李吉林老师先是通过创设教学情境，使学生设身处地的感受人物角色特征及其心理变化，体会不同的女人们或者害羞，或者鲁莽，或者心直口快，或者深思熟虑的性格特征和心理写照，理解孙犁老先生描写战争的独特笔法。教师通过对教学情境的设计，能留给学生独立思考的空间，提高学生语言表达的能力，培养学生的创造能力以及思维的广阔性和灵活性。

（三）形象性

情境教学法根据具体的教学目标，通过创建合理的教学情境，真切地展示、再现教学内容中所涉及到的景、物、人等要素。以鲜明的形象情境，强化学生的感知过程，将单一、富有逻辑性的教材语言具体化、形象化，让学生有如临其境的感受，强调"形真"的特点。这里的"形真"，并不是要求所有的情境都必须是生活真实形象的再现，而是要求结合所受学科特点和学生认知经验水平，学生意会且能够以情境为背景，实现有意义的主动学习即可。

案例二　高中历史《英国工业革命——工业的先声》

教学目标：

英国工业革命的前提和条件；英国工业革命的进程及各行各业的重要发明；英国工业革命的特点；英国工业革命的影响。

学生通过对英国工业革命的学习，使学生认识到科技是第一生产力，社会生产的发展需要科技的推动。

教学过程：新课导入（情境创建）

教师用多媒体打出英国国旗、英国地图、英国王室等具有英国特色的照片，然后通过生动的语言向学生介绍英国的基本情况："从我国的首都北京往西大约8000公里（结合地图），在欧亚大陆的西部中段，跨过一道海峡，有一个岛国，其全名叫'大不列颠与北爱尔兰联合王国'，我们通常简称为'英国'。这个国家的面积仅仅有24万平方公里，而今也只有6000万人口，而其语言英语是世界最广泛使用的通用语言。在近现代史上，英国占有非常特殊的地位。"在优雅的音乐声中，教师的旁白、优美的画面，使学生充分发挥想象，仿佛就置身于英国。紧接着教师又播放了工业革命的场景，学生带着浓厚的学习兴趣进入了情境。

（资料来源：范敏．新课程理念下高中历史情景教学的实施策略研究[J]．新课程（教育学术版），2009.）

情境教学法以"形真"为主要特点之一，利用富于形象、生动、优美的激情语言，点燃学生情感的火花，激发学生的学习动机，缩短了教学内容与实际课堂的时空距离，增强了情境的真实感，引发了学生积极的情感体验。把学生引入到所要学习的情境之中，使学生在情绪高昂的状态中自然地产生学习的需要。

（四）教育性

现代教育不仅要培养灵活掌握知识与技能、具有健全理性的人，还需要培养情感健康的人。学校作为教育实施的主要机构与场所，除了要满足学生的认知需求外，还应该关注、满足学生丰富多彩的精神需求,帮助学生形成乐观、积极向上的积极情感。情境教学法能够克服传统教育的不足,关注情感教育,使学生在学会求知的同时学会做人。另外,情境教学法成功地解决了学生在个体素质发展过程中认知与情感、逻辑思维与形象思维、动脑与动手发展不平衡、不和谐的问题,保证了素质教育的有效实施。

三、主要方式

按照创设情境类型的不同,情境教学法可以细分为以下几种方式。

（一）问题情境

问题情境就是在教育教学过程中以问题为核心,创设一种根据教学需要的情境,通过问题创设学习背景,学生在此背景下学习知识。问题情境教学法与学生直接的生活经验相连接,针对问题进行收集、分析、整理,有利于接受新知,发现并体会知识产生的过程,培养学生分析和解决问题的能力。教师在进行具体的教学设计时应以问题为中心,依据教学目标要求,有目的地提出不同类型的问题或任务,引导学生积极探索、体验,以深入理解并掌握和运用知识,实现从掌握知识、提升能力到整体的人格发展。

（二）探究情境

探究情境法是指围绕具体教学目标设计形式多样、合理有效的问题情境,实施针对于问题解决的探究模式,让学生在此活动中获得知识与技能、培养实际动手操作能力和培养正确的情感、态度、价值观的教学情境。通过研究情境的创设,帮助学生完成在认知过程中掌握知识与能力提升相统一,变被动接受式学习模式为主动参与式学习。

（三）形象情境

形象情境是指教师可以根据实际教学需要,通过语言讲述诗歌、寓言、成语和故事,也可以通过灵活运用多种教学工具展示图片、漫画、录像等营造特定的认知情境。从心理学角度看,学生对形象、生动具体的事物更容易感知,在课堂中创设这种情境符合学生的认知特点，能够给学生以鲜明生动的形象体会。如一位老师在上小学自然课《海底世界》时，向学生提问："大海深处都有什么动物？"学生回答"有鱼、海龟、水母……"。老师接着又问："鱼有多少种？常见的都有哪些？"然后抓住学生自身认知的不足和求知热情，利用多媒体展示出各种鱼类的图片，并向学生简要介绍图片上分别是哪些鱼类、有什么特征。这既让学生认识了鱼的种类，又调节了学生的情绪。通过利用这些教学工具，把一些机械、乏味、脱离学生实际生活的知识生动、鲜明地印在学生们的脑海里。

（四）思辨情境

思辨情境主要是指在课堂教学中围绕教学重点、难点设置正反两种不同的观点，以学生为主体，在充分了解材料内容的基础上展开辩论，在此过程中教师作为整个活动的引导者，及时发现问题，合理整合双方观点并最后达成共识的教学情境。这种教学情境，不仅能帮助学生深入理解知识，更能发展学生独立思考及分析问题、解决问题的能力，在掌握知识的过程中实现学生整体思维水平的提高。

（五）实验情境

实验情境通常在自然学科的教学中较为常见。这种教学法就是教师在课堂上用可操作的实物演示出教学所需要的情境，学生通过实验进行观察并获取知识。实验情境以其生动、直观、形象的特点，引起学生的好奇心与浓厚的学习兴趣。学生在模拟、探究原科学家的实践活动过程中发现"新"现象，通过练习、判断、推理，综合分析归纳现象的本质和规律。

四、优势与局限性

情境教学法依据其自身特点，在实际教学中具有其他教学方法所无法比拟的优势。

（一）缩短认知距离，形成最佳情绪状态

传统单项式、指令式、以灌输为主的教学法无形中割裂了学生与知识间的联系，学生很难通过自身的认知结构及经验获得知识。情境教学法强调平等、亲密、互助的师生关系。生动、形象、符合学生认知经验的学习情境实现了教师、学生、教学内容间的紧密联系，消除了传统教育产生的教师、学生、教学内容相隔阂的弊端。通过情境教学法，学生能够以最佳的情绪状态主动投入教学活动，完成自主发展。

（二）强调主动学习，激发学习热情

真正成功、有效的课堂教学应是学生主动参与实现"自我发展"的过程。教学的这一本质属性决定了学生作为整个教学活动主体的角色。情境教学法把学生带入特定的教学情境，在探究学习的过程中激发学生学习动机。教师可以根据实际教学内容的要求，设计连续的动态的教学情境，有目的、有意识地把学生带入情境，创设"其人可见、其声可闻、其景可观、其物可赏"的情境。学生的学习兴趣与学习动机在这种情境中得以强化，这对于克服学生被动应付产生的惰性心理、激发学习热情具有至关重要的意义。

（三）以学生为主，培养积极情感体验

课堂教学中，教师通过情境教学法让学生"入境"体会，感受情境中的"角色"。这充分体现了学生的主体性地位，极大地满足了学生的好奇心与求知欲。情境教学法要求教师实现教学角色的转变，由一人主导、控制转变为辅助、协调学生。保证学生充分参与教学活动，发展个性，施展才华。情境教学法利用学生视觉与听觉的综合作用，使学生身临其境地从学习过程中获得积极的情感体验，培养其联想思维，提高分析和解决问题的能力。如一高中历史教师在讲解"战争与和平"的教学内容时，可以通过教学工具展示战争的场面、广大人民群众蒙受的损失等。视频、数字等材料让学生深刻体会战争带来的危害，产生渴望和平、珍惜和平的情绪体验。这样，能够从根本上理解当时各国应对战争的态度与方针政策。学生通过对具体情境的感知可以把教师用语言难以表达的情感转变成学生个人积极的情感体验。

（四）注重实际操作，实现学生全面发展

情境教学法通过精心创设教学情境，将对知识的学习置于一个与学生个体认知经验紧密联系的社会、生活或问题中。学生在重构认知经验、解决相关问题的时候，能够完成对知识的利用。情境教学法善于利用情境激发学生的学习热情，注重学生的实际操作能力的培养，使学生成为学习活动的主体，为学生德、智、体、美、劳全面发展奠定了基础。

诚然，情境教学法在激发学生学习兴趣、调动学习积极性、实现学生全面发展等方面具有突出的优势，但在实际教学中情境教学法也存在一些不可规避的不足与缺点。

第一，对教师的专业水平及综合素质要求较高。情境教学法强调知识传授过程中学生的主动参与。学生在课堂上学习的自主权较大，采用情境教学法的课堂灵活性也较强，这在客观上对教师的备课质量提出了更高的要求。在课程实施中难免会有各种突发事件发生，不易控制。如果教师的个人教学掌控能力不足，很容易使课堂混乱无序，导致无效教学的发生。所以，情境教学法对教师的专业知识水平、调节课堂气氛、掌控学生能力等综合素质要求较高。而在我们一线教学中，尤其是欠发达地区具备这样素质的教师并不多，这就成为制约情境教学法实施的重要瓶颈。

第二，占用课堂时间较长。情境教学法是一种多维度、多层次的活动过程，要让学生从分散融入到教学情境中需要一定的时间。并且由于学生各自认识方式、水平等也存在较大差异，这种方法并不能保证让每一位学生都积极参与进教学活动中来。为了避免这种现象的发生，学生在课前应做相应的准备工作，否则情境教学的展开就会受到影响，在浪费宝贵课堂时间的同时，课堂也由学生为主体性转变成教师的单项"灌输式"的传统教学模式。

第三，方法与目的本末倒置。情境教学法只是完成特定教学目标的手段和方法，而并不是教学目的。教学情境的创设要围绕具体教学内容以及学生掌握知识和培养能力为原则。在情境教学中，教师容易刻意追求教学情境，活跃课堂气氛而忽视了课堂组织。教学方法与教学目的本末倒置，无法完成既定教学目标。

总之，在深化基础教育课程改革的今天，关注情境教育法的方式、特点，并根据实际教学需要加以适时、适当、合理地运用，才能真正营造出有效实施的教学情境。

第二节　新课程背景下情境教学法的实施

一、实施的必要性与可行性

1. 情境教学符合心理学的要求

中国特色的情境教学借鉴现代心理学的暗示诱导、情感驱动、角色转换和心理场整合等原理。创设教学情境，其本质在于促使学生的学习活动呈现积极化的状态。情境教学以直观的形象简化学习内容，以相关生活经验唤起学习兴趣，以丰富的活动调动学习热情，以生动的语言调节学习情绪。情境课程以"美"为突破口，以"情"为纽带，以"思"为核心，以"儿童活动"为途径，以"周围世界"为源泉，对儿童的学习和发展起着整合、熏陶、启智和激励的作用。

2. 情境教学符合马克思主义认识论的要求

客观主义认识论指导下的传播模式教学认为知识是关于世界的客观真理，通常以抽象的公式、定理、法则等形式表现在书本载体上。教学就是把这样的知识传输到学生的头脑中，认为学生掌握了这些知识就能够自然地应用于各种实际情境中。然而，脱离生活经验和情境的直接传播模式，一旦走出了学生的学习意图和兴趣之后，就失去了意义。而马克思主义认识论认为，学习也是一种认识活动。认识的一般规律是由感性认识上升到理性认识，由具体到抽象。情境教学把可感知的情境作为认识的起点和蕴含教学内容的载体，帮助学生实现由"生动的直观到抽象思维"的飞跃，然后再用理性认识去分析社会现象，指导实践。因此，在教学中创设一个良好的教学情境，是教学内容与学生的实际经验和接受能力之间的过渡环节，是帮助学生实现由感性认识上升到理性认识的必由之路。

3. 情境教学法符合新课程改革的要求

新课程改革总目标中提出全面推进素质教育，其中包括"养成健康的审美情趣和生活方式"的要求。具体目标中提出包括知识与技能的结果性目标，包括过程与方法、情感态度与价值观的体验性目标。教学过程中要求创设能引导学生主动参与的教育环境，激发学生的学习积极性。课程结构上强调改变过去强调学科本位、科目过多和缺乏整合的现状，调整课程门类和课时比例，并设置综合课；在课程内容上要求加强与学生生活以及现代社会和科技发展的联系，关注学生的学习兴趣和经验。在实施建议中提出要善于引导学生从真实的情境中发现问题，有针对性地开展讨论……中国特色的情境教学法的起源、实施和发展正符合新课程改革的思路。

4．情境教学法有着美好的发展前景

中国特色的情境教学法创建于信息技术手段尚不发达的上个世纪七八十年代，李吉林老师用"土法"创造设计情境的方法，可谓语文教学园地的一朵奇葩。近年来，现代教育技术的发展为情境的创设提供了更加美好的发展前景。国际互联网进入教育领域后，虚拟教育的研究一步步由观念层面向教学实践领域转化，出现了虚拟教室、虚拟实验室、虚拟学校、虚拟图书馆和虚拟社区等。虚拟现实技术在计算机上创建各种虚拟情境，使学生在一种身临其境的环境下进行学习、研究、探索、体验。例如英国自然历史博物馆的达尔文实验室就设立了虚拟实验室，人们可以获得视觉、听觉、触觉、动觉等多种感知体验，可以用手直接触摸平台上的虚拟物品，按提示操作实验，不必担心损坏实验器具，也不必担心因操作失误产生什么严重后果。虚拟实验室所呈现的原子爆炸、地震、微观世界等情境在普通教学环境中是不可能见到的。未来包含了情感体验、操作便利、高效互动的虚拟情境教学，有望随着科技的进一步发展而为普通师生服务。

二、实施的基本步骤

在情境认知与学习理论中，比较成熟的一种教学模式就是抛锚式教学。抛锚式教学就是利用"锚"来比喻教学中起到支撑作用的包含一系列问题情境的故事、经历等。抛锚式教学的实施条件首先是"锚"，学习与教学活动围绕"锚"来设计；

其次是有利于学生探索、解决问题的丰富资源,如交互式录像、影碟、教学软件等。前者就是情境,后者是情境的技术载体。

抛锚式教学的具体实施步骤如下:

(1) 明确学习目的,使学生从整体上了解要学习的新内容。

(2) 抛"锚",即通过各种手段向学生呈现情境,包括短剧表演、故事讲述、图画绘制等方式,但以现代教育技术支撑的录像、软件为主流。

(3) 识别问题、分解问题、制定问题解决计划。情境中所蕴含的要学习的新内容并不是直接呈现的,而是要求学生经过识别问题、分解问题和拟定解决计划的过程而逐步探索求得的。学习过程是发现和探究的过程。教师发挥"支架"作用,根据学生的需要提供帮助,留给学生足够的发挥自主能动性的空间。

(4) 学生分组合作探究,解决问题。"锚"所呈现的问题是富有挑战性的、开放性的、复杂的,离不开学生的分工合作。最后,小组汇报,全班交流。教师在这个阶段既是协助者,也是参与者。

(5) 教师进行整体评价。因为抛锚式教学的根本目标不是提高分数,所以不对学生做终结性评价。评价注重学生在问题解决过程中的表现,而不是结果的对错。

中国特色的情境教学法的实施步骤与抛锚式教学基本一致,都是基于情境设置来教授新内容的,但更注重人文情感的渲染。

案例三 小兔上市场(童话作文指导课)

一、导入、揭示童话主要人物

小朋友,你们都喜爱小兔子,是吗?你们看,在这座森林里有一所小房子,住着"兔妈妈"和她的两个孩子,一个是姐姐小白兔,一个是弟弟小灰兔。(简笔画:森林、小房子。贴上兔妈妈和小兔)

一天,正是森林集市的日子,兔妈妈拿出 50 元钱,对小白兔和小灰兔说:"孩子们,这些钱是妈妈平时采蘑菇、卖白菜攒下的,今天是森林集市,你们俩到市场上帮妈妈买小推车,好吗?""好,好的!"小白兔和小灰兔接过钱,跳着、蹦着向森林集市跑去。

二、揭示童话题目

小白兔和小灰兔走进市场后，发生了很多有趣的童话故事。这一课，我们就来编《小兔上市场》童话故事。高兴吗？（板书课题）

三、展示童话背景

小兔欢天喜地上了集市，学到这儿，这个童话故事发生的时间地点、角色和事情，大家清楚了吗？[板书]……下面，请一位小朋友看着黑板，把这个故事的开头讲一讲。[指名讲]……

四、展示童话场景

小兔来到集市上，（出示市场）"今天的森林集市真热闹！"怎么热闹，你们看。（出示各种动物卖菜的头饰）谁在卖什么……

小结：刚才小朋友先用一句话概括了市场的热闹，接着又具体地说了市场怎么热闹，请小朋友连在一起讲一讲……

五、确定中心

小白兔和小灰兔走进了热闹的市场，他们将是怎样的？在你们的幻想中，白兔姐姐可能是一只怎样的小兔？灰兔弟弟又可能是一只怎样的小兔呢……

我们就按自己的意愿来构想我们的童话故事。看哪些小朋友想象的翅膀已经展开了。

六、展开童话情节

小兔走进了这琳琅满目的市场，看到这么多好吃的、好玩的东西，听到此起彼伏的叫卖声，灰兔弟弟想买什么？（句式：想买_____又想买_____，还想买_____。）他们来到了猴子的桃子摊前，小灰兔对姐姐说什么？白兔姐姐怎么回答？灰兔又怎样撒娇？（指名说。同座练习，上台表演）……

七、评判角色

小朋友说说，在集市上谁做得对，谁做得不对？为什么？……

八、转换角色

现在让我们来帮助小兔子，如果你是小白兔或者小灰兔，你怎么办？……

九、续编故事

可是，现在钱已经用掉了，买不成车了，该怎么办？怎样弥补错误？……

十、总结

这一课，我们编了童话故事《小兔上市场》。知道童话故事的开始要交代清楚时间、地点、人物、事情。接着，要设想你的童话角色是怎样的人，这就确定了中心，然后围绕这个中心展开想象，一步步地编童话，讲清事情的发生、发展、结果，通过你的童话还要告诉人们一个道理。

（资料来源：李吉林．小学语文情境教学——李吉林与青年教师的谈话．北京：人民教育出版社，2003.）

上述案例中，情境教学的实施步骤可以总结为：

（1）点明课题。案例中第一、二部分，利用语言描述和简笔画导入童话人物，揭示童话题目。

（2）呈现情境。第三、四部分，通过板书引导学生口述，展示童话背景，通过动物头饰展示集市场景，如同抛"锚"。

（3）确定问题中心，抓住解决问题的关键。第五部分，在教师提问引导下，学生对主要童话角色进行个性定位，这是开展情节的关键。

（4）互动探究，解决问题。第六、七、八、九部分，通过师生问答、生生讨论、上台表演等形式一步步完成故事的续编。

（5）教师总结。

三、实施的注意事项

国内外情境教学法有多种实践模式，但殊途同归，无论是基于情境认知与学习理论，还是基于我国古代文论的意境理论，其课程设计重点都落在情境的设置上。所以，在实施情境教学法的过程中必须注意情境设置方面的几个问题。

第一，情境的创设要考虑学情，包括学生的年龄特点、学习风格、生活经验等。首先，依据学生的年龄特点，对不同年级的学生要使用不同的方式呈现情境。对于低年级学生，适合采用更直观感性、生动有趣的方式引入情境，如直观演示、讲故事、做游戏、角色扮演等。而对于高年级的学生，由于思维能力进一步发展，生活阅历逐渐丰富,具有时代性、时效性,能够启发思考的情境才能吸引他们。其次,学习者的学习风格各异,不同的情境呈现方式会影响他们对知识的接受效率。学习风格一般可分为视觉型、听觉型和触觉型三种。视觉型学习者喜欢通过观察或阅读来获得知识,容易接受通过图画、书面资料、视频等方式展示的情境。听觉型学习者擅长吸取通过声音渠道传递的信息,音频、讲座、面授、口头交流等形式能够引起他们的兴趣。而触觉型学习者通过动手体验的方式学习效率最高,创设他们能亲身参与的表演情境、实验情境、体验情境最适合他们。中小学生正处于成长阶段,会在外部环境的影响下逐渐形成自己的学习风格。教师要了解,还要引导和培养他们形成良好的学习风格,在情境的呈现方式上下功夫,以便提高学生的学习效率。最后,情境的创设要考虑学生的生活经验。例如在英语课堂上对来自城乡英语基础差异很大的学生使用全英浸入式情境教学会事倍功半。让不知道肯德基为何物的农村孩子表演汉堡包的制作过程也不合适。总之,情境的设置一定要贴近学生的生活实际。

第二,情境的设计和实施要围绕教学目标进行。首先,情境的设计要依据明确的教学目标。创设情境的意义就在于为教学目标服务。脱离了教学目标的情境会成为干扰因素,起不到辅助教学的作用。情境教学法中的情境是学生探索新知的平台,而不只是引起学习兴趣的手段。其次,情境的设置要长短适当,多少适宜。情境要突出主题,省去与教学目标无关的细枝末节。一节课中情境的运作时间过长,会挤占太多课堂时间,会影响教学效率。如果时间太短则容易成为摆设,不能充分发挥情境教学的优势。

第三,根植于中国特色的情境教学,要借鉴国外情境教学的优势,充分发挥情境教学法的作用。西方的情境教学有着比较系统的理论支持,在实践领域也有比较成熟的教学模式,运用现代技术开发出了各种可操作性强的教学产品。而国内李吉林老师倡导的"情境教学 - 情境教育"则是在教育实践中总结出来的教学方法,根植于本土文化,符合中国国情,但是在理论和技术层面及推广性方面还有待开发。可以说，一个注重"境"的功能，一个侧重"情"的渗透，"情""境"结合，人文与科技并重，才能更好地为教学服务。

第三节 新课程背景下情境教学法的案例实录与评析

情境教学的根本目的是帮助学生探索知识、提高能力、获得积极的情感体验、实现学习方式的转变。新课程背景下，几乎各种教学方法都离不开情境的创设。如何在实践中创设出符合教学目标的情境，发挥情境教学法的重要作用，是每位一线教师关注的重要课题。

实例一 《生活处处有哲学》教学设计

一、创设情境，导入新课

教师：同学们，我们这个学期将学习哲学，在大家看来，哲学是比较玄妙的，甚至是很深奥的，那究竟哲学是不是那么深奥、那么玄妙的呢？我们要学习的是"生活与哲学"，为什么要在哲学前面加上"生活"两个字呢？ 我们的生活和哲学究竟有没有关系？有什么样的关系呢？

[情境 1] 中国的《罗密欧与朱丽叶》。

1954年周总理参加日内瓦会议期间，为外国记者举行了一场电影招待会，放映中国戏剧电影《梁山伯与祝英台》。工作人员准备了一份长达十几页的说明书。周总理批评这位工作人员是不看对象，对牛弹琴。周总理要求工作人员在请柬上写上一句话："请您欣赏彩色歌剧电影——中国的《罗密欧与朱丽叶》。"果然，那天外国记者都来了。放映前翻译只做了3分钟的说明，观众便看得如痴如醉，外国朋友高度赞扬这部中国戏剧片。

[问题] 中国的《罗密欧与朱丽叶》——《梁山伯与祝英台》为什么在国外能受欢迎？你认为周总理的这一改名怎么样？

教师：我们知道，外国朋友对中国的传统爱情故事《梁山伯与祝英台》了解甚少，而对于莎士比亚的名著《罗密欧与朱丽叶》却很熟悉，这就是他们的思想状况，也就是我们工作面对的实际情况。周总理灵活的工作方法，在于他从外国朋友的实际出发，来介绍中国传统名剧。这就充分体现了与我们生活紧密相关的哲学思想。

二、层层推进，寓思于学

教师：还能举出与我们生活有关的哲学故事、成语吗？（围绕学生的举例，进一步引导学生分析这些哲学故事、成语是怎样产生的，从而明确哲学与生活的关系：哲学就在我们身边，哲学源于生活，源于人类的实践活动。）

[情境2]

爱因斯坦年轻时为光速问题而惊异，后来提出了让人"惊讶"的狭义相对论，使物理学家从牛顿的"绝对时空观"中"惊醒"过来，所以，相对论不单是物理学，同时也是爱因斯坦的哲学观。邓小平提出极具新意的"一国两制"，给世人解决难题开辟出一条新思路的"思想创新"，首先是一种哲学观，其次才是政治学问题。

[思考] 哲学家、政治家的哲学思想如何产生的？

[情境3] 教材第3页

（1）你在童年时代是否也思考过类似的问题？

（2）杞人忧天的故事能够给我们什么启示？

（3）你现在经常思考哪些问题？为什么？

三、体味哲理，启迪人生

[情境4]（多媒体创设故事情境）渔夫与哲学家的故事

一位哲学家搭乘一个渔夫的小船过河。行船之际，这位哲学家向渔夫问道："你懂数学吗？"渔夫回答："不懂。"哲学家又问："你懂物理吗？"渔夫回答："不懂。"哲学家再问："你懂化学吗？"渔夫回答"不懂。"哲学家叹道："真遗憾！这样你就等于失去了一半的生命。"这时，水面上刮起一阵狂风，把小船掀翻了。渔夫和哲学家都掉进了水里。渔夫向哲学家喊道："先生，你会游泳吗？"哲学家回答说："不会。"渔夫非常遗憾地说："那你就要失去整个生命了！"

[讨论] 作为哲学，它是不是悬浮于高空的思想楼阁？渔夫与哲学家的故事对学习哲学有什么启发？……

（资料节选自：申美春．情境教学法在《生活与哲学》教学中的运用[D]．内蒙古师范大学，硕士学位论文，2010.）

所谓《生活与哲学》课程，着眼于培养学生在生活中发现哲学光辉和应用哲学理论分析解释问题或现象的能力。符合生活实际情境是构建哲学与生活联系的桥梁。此案例在新课导入、主题推进和深化过程中综合运用了多种情境，包括问题情境、故事情境、探究情境等。从教学程序来看，首先，明确教学目标：了解哲学与生活的关系——生活处处有哲学。接下来分别通过多媒体、教科书、教师讲述、学生举例等方式呈现情境。每个情境都设置问题，引发学生讨论探究，最后教师总结引申，突显教学内容。情境既是教学内容的依托，也是使学生一直处于思维活跃状态的手段，体现了以学生为主体。而教师的角色在于提示探究，总结归纳，引导学生联系中国传统文化和现实生活实际，鼓励学生进行独立思考，培养其创新精神，充分体现了以教师为主导。

实例二　《今日的菜单》教学设计

河北省邢台市中兴路小学　范丽君

一、教学设想

人教版二年级美术上册第十四课《今日的菜单》。本课教学中，通过"介绍喜欢的菜式——欣赏当地特色菜——设计菜单并制作——评析拿手菜"等教学环节，激发学生的情趣，创设实践平台。学生在巩固以前所学的制作技巧的基础上，充分发挥想象力和创造力，把菜肴的造型与色彩大胆表现出来，达到艺术与生活有机融合，并在制作过程中培养团结合作的精神，实现全面提高学生素质的目标。

二、教学目标

通过了解一些当地的特色菜，从色、形等方面渗透美学理念；引导学生利用彩泥表现生活中的蔬菜和菜肴，培养学生动手能力；学生在创造过程中体验材料带来的美感，发扬团结互助的精神。

三、学情分析

二年级学生已掌握了一些简单的泥工操作技能，且乐于自己动手，但在动手过程中缺乏大胆想像和创造。教学中，重点让学生通过观察、体验、想象来表达自己的生活感受，鼓励学生积极动手、动脑、大胆创作、捏塑，努力展现出生活中的艺术美，从而得到丰富的审美体验。

四、教学方法

情境教学法、演示法、合作探究法。

五、课时安排

六、教学过程

1. 创设情境，激趣导入

(1)同学们，今天老师带来一位新朋友，请看他是谁呢？（课件出示喜羊羊头像）我们都知道，喜羊羊聪明帅气，是大家公认的小英雄。今天，他有一个问题想请教大家。（喜羊羊说话：我想邀请同学们到我家做客，请把你们喜欢吃的菜介绍给我，好吗？课件出示问题。）学生介绍自己喜欢吃的菜品。

(2)喜羊羊邀请你们做他的小厨师给他制作菜单，你们愿意吗？

老师揭示课题。

2. 欣赏名吃，感悟艺术美

(1)老师带来了一些我们当地的名菜和特色小吃，请你们来品尝。（课件展示金毛狮子鱼、道口烧鸡、驴肉香肠、邢台锅贴等河北名菜及特色小吃）

看到这些美味佳肴，你想说些什么？你喜欢哪一种菜，为什么？

(2)师生互动，随机品析典型菜品。

一出示"金毛狮子鱼"课件：这道菜是用鱼做的，形状、颜色又怎样？

讨论明确："金毛狮子鱼"这道菜，它外形像毛发竖起来的狮子，色泽黄里透红，是代表河北省参加全国烹饪大赛的名菜。（板书：形状颜色）

二出示"道口烧鸡"课件：谁吃过道口烧鸡？味道怎么样？（板书：味道）

三出示"邢台锅贴"课件：这是我们有名的小吃——锅贴，知道是谁最先独家制作的吗？有什么特点？

老师：南宫人张汉英最先制作锅贴。邢台锅贴外焦里嫩、香而不腻，为全省10种地方名吃之一，曾被评为河北省"优质风味产品"。

老师小结：

家乡的人们利用自己的聪明智慧创造了许许多多色、香、味俱全的特色名吃，让我们享受生活，令我们回味无穷。

(3)课件展示各地名菜，配乐简介菜式特点；欣赏了各地名菜，喜羊羊也有话要说，课件出示：（各地名菜显示了劳动人民的聪明智慧和精湛技能，同学们跃跃欲试，一定都想赶快亲手做一做。那谁来说一说你想做什么菜？）

3. 发挥想象，制作拿手菜

(1) 走进文本，直观感受。

请打开书 28 页，欣赏小朋友都做了哪些蔬菜或菜肴？同桌互相说一说。媒体展示文本图片，学生交流。

(2) 教师示范，指导技法。

老师用彩泥制作一道菜《红烧鱼》，复习泥工的制作过程。

边操作边解说，从"捏、团、揉、压、切、刻"强调制作鱼的形状，并制作一朵小花作为装饰点缀在盘中，提醒学生摆放要合适、美观。

(3) 学生体验，合作创新。

小组讨论：为喜羊羊设计一个《今日的菜单》，说一说你想做什么菜。注意餐桌上要颜色、形状、味道搭配合理，把你想好的菜名写出来。学生上台张贴菜单。

学生利用彩泥制作拿手菜，可自己制作，也可以两人合作，把做好的菜品放入盘中。（播放音乐，显示一些菜肴和蔬菜的图片供学生参考）老师巡回指导，及时帮助学生解决问题。

4. 菜品展示，评价交流

(1) 展示学生菜品，欣赏互评。

(2) 小组评议，选出最佳菜品。（听听喜羊羊的评价：最佳菜品都为我宴请同学们的风味菜，谢谢大家。）

5. 总结延伸，巩固提高

这节课，同学们用灵巧的双手制作出了具有特色的菜品。制作菜单是一门艺术，生活中，只要你们用心去观察、去发现，你们可以创造出更美更有创意的作品。课后可以用陶土、纸张、布等来制作蔬菜菜肴。

七、板书设计

今日的菜单

学生设计菜名1	学生设计菜名2	形
学生设计菜名3	学生设计菜名4	色 美
学生设计菜名5	学生设计菜名6	味

八、教学反思

新课标倡导："从学生的兴趣、能力和需要出发，培养学生积极主动的学习精神。同时应充分展现美术学习的有关过程与方法，以利于增强学生的感受和体验。"因而教学中，我运用各种手段与方法，努力践行这一教学理念。

1. 创设情境，激发兴趣

二年级学生对"设计菜单"这一方面内容较陌生，我利用学生们都熟悉而且喜欢的"喜羊羊"这一朋友，为学生架起学习知识和积极思维的桥梁，并贯穿教学始终，使其在良好的情境中去感受美、创造美。

2. 联系生活，深化感悟

教学中，"引导学生欣赏家乡特色菜""了解各地名菜"等教学环节贴近学生生活，不但使学生初步了解一些美学理念，更重要的是让学生通过美术欣赏，可以更好地感受生活美，创造生活美。

3. 小组合作，乐在其中

小组合作设计菜单、制作菜品，激发了学生的表现欲和创造冲动，学生在主动参与、相互合作中锻炼了动手能力，展现了个性和创造才能，增进了感情的交流，感受了集体的智慧，从而培养了团结互助的品质。

4. 媒体辅助，优化教学

课伊始，课件呈现会说话的喜羊羊头像，直观而生动，强烈激发了学生的兴趣。课中，让学生观赏当地特色菜及小吃，展示各地名菜图片等环节带给学生强大的视觉冲击，使学生制作菜品水到渠成。音乐的播放，不但调节了课堂气氛，还给学生以美的享受，可谓一举两得。

（资料来源：王义秀、臧传军.新课程标准与课堂教学实践[M].北京：北京师范大学出版社，2010.）

案例中这样的手工实践课，实施情境教学的优势正如教师在教学反思中所提到的"让学生在情境中做和学"，符合新课程理念引领下的课程观，即课程不仅是知识的积累，更是生活、经验的传递；课程也不再单单是教师向学生传授知识的载体与工具，而是教师与学生积极互动、完成共同探求知识的过程；新的课程是教师、学生、教学情境、教材合理结合的有机体系。依据新课改所倡导的课程理念，情境教学法以学生具体的生活经验为基础，通过教师人为地创设教学情境，把学生的情感活动和认知活动结合起来。这种教学方法引起了基础教育的深刻变革，是教师理解、感悟新课程理念的有效实践。

【相关链接】

1. 冯卫东．情境教学策略 [M]．北京：北京师范大学出版社，2010．

2. 冯卫东．情境教学操作全手册 [M]．南京：江苏教育出版社，2010．

3. 赫德利（美）．在情境中教语言 [M]．北京：外语教学与研究出版社，2009．

4. 杨春茂．李吉林与情境教育 [M]．北京：北京师范大学出版社，2006．

5. 李吉林．情境教育的诗篇 [M]．北京：高等教育出版社，2004．

6. 吕达、张玉民．新课程教师组织合作学习和创设教学情境能力培养与训练 [M]．北京：人民教育出版社，2004．

7. 李吉林．小学语文情境教学：李吉林与青年教师的谈话 [M]．北京：人民教育出版社，2003．

8. 李吉林情境教学法：http://www.wsbedu.com/jia/lijilin.asp

【要点回顾】

情境教学法是以现代教育学心理学及方法论为指导，教师根据教学内容、教学目标、学生的认知水平和心理特征，有目的地引入、创设教学场景，构建具有情绪色彩、生动具体的场景，使师生设身处"境"，实现认知与情感、形象思维与抽象思维、教与学巧妙地有机结合，引起学生积极的态度体验，实现知识构建，激发其主动学习的教学方法。情境教学法具有审美性、开放性、形象性和教育性等特点。按照创设情境类型的不同，情境教学法可分为问题情境、探究情境、形象情境、思辨情境、实验情境等基本方式。情境教学法依照其自身的特点在实际教学中具有其他教学方法所无法比拟的优势，如缩短认知距离，形成最佳情绪态；强调主动学习，激发学习热情；以学生为主，培养积极情感体验；注重实际操作，实现学生全面发展等。但同时情境教学法对教师的专业水平及综合素质要求较高，且占用课堂时间较长，也容易导致方法与目的本末倒置。新课程背景下，情境教学法符合新课程改革的要求，有着美好的发展前景。情境教学法的实施步骤为：点明课题——呈现情境——确定问题中心，抓住解决问题的关键——互动探究，解决问题——教师总结。实施情境教学法必须注意情境的设置：第一，情境的创设要考虑学情，包括学生的年龄特点、学习风格、生活经验等。第二，情境的设计和实施要围绕教学目标进行。第三，根植于中国特色的情境教学，要借鉴国外情境教学的优势，充分发挥情境教学法的作用。

【思考题】

1. 名词解释：情境教学法　抛锚式教学

2. 情境教学法的基本特点有哪些？

3. 国内外情境教学法有何异同？

4. 现代教育技术对情境教学法的发展有哪些贡献？

5. 结合案例"《今日的菜单》教学设计"，谈谈情境教学法是如何与演示法、合作学习及探究学习法结合运用的。

第八章 基于新课程的自主学习法

案例导入

　　开学初的一天下午放学前，我除了布置少量课本作业外，还决定让学生自己给自己设计一次作业。"自设作业"的要求就是内容和形式可以不拘一格、自由发挥。学生听了我的要求后，着实吃了一惊，但马上便是带有一种新鲜感的激动和喜悦。他们设计的作业会是什么样呢？

　　第二天，我带着期盼又略为不安的心情打开了那一份份作业，这回轮到我吃惊了。这是怎样的一些"作业"啊！有"老师，考考你"的，有"小发明"介绍的，有诉说"我的烦恼"的，有对宇宙及生物科学中的疑惑进行提问的，有摘抄自己喜欢的名人名言的，有申请当下次班队会主持人并设计了活动方案的，有充分显示自己硬笔书法的，有干脆是一副"我的自画像"的，画得自信而又调皮。更有别出心裁的孩子，像精心侍弄一个花园那样，把自己的作业点缀得多姿多彩……

　　当我把作业发下去时，孩子们一改以往看也不看便塞进书包的习惯，迫不及待地翻开作业本，品味着我批改的一字一句，借此时机，我又指点他们把"自设作业"和语文学习结合起来，突出语文学科特点。以后的日子里，"自设作业"竟在许多同学的作业中生了根。我高兴地发现，学生学习语文的兴趣更浓了，成绩也随着学习兴趣的浓厚而"水涨船高"了。

　　教师布置作业，学生完成作业，天经地义。然而把作业的自主权交给学生，产生了意想不到的学习效果。作业不再是课业负担，而成了闪烁智慧和创意火花的作品。可见把学习的主动权交给学生会产生多大的活力和动力啊！

（资料来源：卢彩文．自主课堂 100 个精彩片段 [M]．北京：开明出版社，2006．）

第一节　自主学习法概述

美国著名未来学大师、世界著名未来学家阿尔文·托夫勒在其 1970 年出版的《未来的冲击》一书中指出：“未来的文盲并不是不识字的人，而是没有学会学习的人。”随着 21 世纪知识经济时代的到来，人们的学习的理念、方式正发生着深刻的变革。自主学习已成为顺应时代潮流、全面提升全民综合素质的新的学习方式，培养学生自主学习能力早已成为全球教育教学的首要目标之一。学生自主学习的能力、方法及意识的培养是教学和课程改革成功与否的重要标志。实践证明，自主学习能力是新世纪合格人才所必备的品质，指导学生学会自主学习并提高其自主学习水平直接关系着我国教育教学的整体质量与水平，为全面实现中华民族的伟大复兴输送合格的人才。

一、概念界定

随着新课程改革的不断深入，自主学习已成为当今教育教学研究的热点。由于国内外研究者的理论依据与研究视角不同，在自主学习概念的内涵界定上还未形成统一的认识。

在西方，以前苏联心理学家维果斯基为代表的维列鲁学派认为自主学习过程在本质上是一种自我指导认知的过程。人的高级心理机能如内部言语、随意注意、概念思维、理论性想象、高级情感和预见性意志等可以帮助个体有效组织调解学习过程，完成自主学习。新行为主义理论的创始人斯金纳及其代表的操作主义学派将自主学习过程视为一种操作刺激性行为，是基于外部刺激与反应而形成的连接。以班杜拉为代表的社会学习理论学派认为，自主学习是学习者对学习行为的预期、计划与其现实行为之间的比较、评价，继而反之对学习进行控制与调节的过程。认知建构主义学派的代表弗拉维尔将自主学习看成是元认知监控的学习，即学生根据具体教学目标、教学内容结合自身认知水平、认识特点，根据客观实际，不断调整学习方法、认知策略，完成个体知识建构的过程。当今美国最著名的自主学习研究者齐莫曼认为自主学习的实现是学习者个人、学习行为与环境相互作用的结果。当学生的学习动机、学习行为与元认知三方面都有机结合、积极参与，就形成了自主学习行为。

在我国，第一位系统研究自主学习的庞维国教授从横向和纵向两个维度界定了自主学习的概念。所谓横向维度是指学习的各个方面，包括学习者的学习动机、学习策略、学习时间、学习内容等。学生的学习动机是自我驱动的，学生自主选择学习内容、学习策略，掌握、管理个人学习时间，主动营造有利于学习的外部环境，不依赖于他人，能够独自对学习结果做出公正、合理的判断与评价，其学习活动就是自主学习活动。纵向维度是指从学习的整个过程来衡量学生的学习活动是否是自主学习。其中包括学习目标的设置、学习计划的制定、学习过程中对学习的进展进行自我评价、总结、反馈、适当改变学习策略等。如学生对上述学习活动的各个组成部分不依赖于教师或他人的指导与帮助，完全为自主行为，那么这就构成了纵向维度的自主学习。

北京师范大学程晓堂教授将自主学习的概念界定为以下三个方面。首先，自主学习是学习者的态度、能力以及学习方法、策略等各种因素综合生成的共同主导个体学习的内在机制。通过这种机制，学习者具备自主掌握与控制自身学习的能力。其次，自主学习是学习者针对教学目标、内容、学习资料的选择等具有选择、控制权。换言之，就是学习者拥有自由选择学习内容、学习方法等的权利。再次，自主学习是指学习者在总体教学目标的规范下，根据自身认知特点，结合教师辅助指导，独立、自主完成学习目标的学习模式。

福建师范大学基础教学课程研究中心常务副主任、国家十一五重点课题"新课程与学生学习方式转变实验研究"负责人余文森教授认为，自主学习是学生自己主宰的学习，是学生充分发挥学习自主性的独立学习。学生是整个学习活动的主人，区别于其他的学习方式。在传统的教学、学习模式中，学生缺乏学习自主权，学什么、怎么学等都不受自己掌握。被动跟随教师的步骤，丧失了学习的主动性与积极性。学生在学习活动的主体性地位无法在教育教学活动中得到发挥与确立。

尽管国内外学者对自主学习的定义有所不同，但其实质与基本含义是一致的。自主学习又可称为自我调节学习、自我计划学习、自律学习、自我定向学习、自我管理、监控学习等，是指学生依据一定的教学目标要求，自主确定学习目标，选择学习策略，调节、监控学习过程，评价学习结果，主动完成知识建构的学习方式。通过此种学习活动学生能够自主获取知识、掌握技能，实现个体发展。其中，广义的自主学习是指学习者通过各种途径与手段，实施有目的、有选择的学习活动。促进其自主性发挥，最终实现自主发展教育。广义的自主学习范围较广，不仅仅包含学校教育，还包括家庭、社会教育等一切促进自我发展的教育形式。狭义的自主学习则单指学校教育。在学校教育中，学生以教学目标为前提，通过教师的科学引领与指导，积极依靠自身努力，自觉、主动、积极地获取知识，实现自我教育、自我完善的学习过程。本章所探讨的自主学习属于狭义的学校中学生自我发展、教育的范畴。

二、基本特点

自主学习方法充分强调学生的自主性，发挥学生的主体作用，注重其创新精神和实践能力的培养。在指导学生进行自主学习时，教师的角色也由传统教学中知识的传授者转变为学生学习活动的合作者、促进者。具体来说，自主学习法具有以下几个方面的基本特征：

（一）自主性

自主性是行为主体按自己意愿行事的动机、能力或特性。即个体对于自己的行为活动具有支配和控制的权利和能力。自主性往往具体表现为自由表达意志，独立作出决定，自行掌控、推进行动的进程。前苏联著名哲学家伊·谢·科恩认为自主有两个尺度："第一个尺度描述个体的客观情况、生活环境，使之相对于外部强迫和外部控制的独立、自由、自决和自主支配生活的权利和可能。第二个尺度是对主观现实而言,使之能够合理地利用自己的选择权利,成功地控制外部环境,而且能够控制自己的冲动。"[1]

学生在进行自主学习活动中,具有独立的主体意识。在教师的指导启发下,能够明确学习目标、自主选择认识方式、把握和控制学习过程,以充分调动发挥自身潜力,完成对新知的同化、建构。自主学习所具有的自主性是其他教学方法所无法比拟的特点之一。例如北京史家胡同小学曾开展了一项"小博士工程"活动,要求学生们利用课余时间,少则两周,多则三四个月,自愿完成一项"长作业",可以是自己研究探索某一个专题,或是完成一部童话作品,拓展语文学习的领域,让学生在探索中自主学习。学生们对此非常感兴趣,经常去图书馆、逛书店、上网搜寻,尽可能地为自己选定的专题搜集材料。在这一过程中,学生们获取了知识,掌握了研究问题的方法,同时也培养了其创新意识和实践能力,使他们真正成为学习的主人。

(二)能动性

自主学习以尊重、发挥人的能动性为前提,学生主动、自觉地规范和约束自己的学习行为。通过自身独立的思想意识、思维判断,能够合理有效地组织、掌控自身的学习活动。自主学习的能动性区别于他主学习的受动性,其学习活动是学生自愿进行的而不是迫于外界的压力与要求。在自主学习中,学生积极发挥自身能动性不仅能够促进其学习活动,并且能够对自己的整个学习过程进行监督和管理。自主学习强调学生的学习活动不应该在外界的压力和要求下进行,也不需要有他人来管理自己的学习活动。对于整体教学环境、教师施加的要求与影响等,学生不是被动服从,而是经过积极的思考,主动接受,实现知识的建构。这种能够自觉从事学习的活动,充分体现了自主学习的能动性。

(三)独特性

每个学生都具有自己独特的个性,拥有自己独特的认知方式、情感体验、内

---

[1] [苏]伊·谢·科恩著,佟景韩等译.自我论——个人与个人自我意识[M].生活·读书·新知三联书店,1986:407.

心世界。个体的遗传素质、社会外部环境、家庭教育以及个人生活教育经历的不同是产生个体差异与独特性的根源。这种独特性也造成了个体认知结构、接受能力的差异，使学生的思维方式、认知策略、分析问题、解决问题等学习活动也具有独特性。自主学习能够充分尊重学生的个体差异。学生根据教学客观要求和自身发展需要，制定学习目标，选择学习内容，把握教学过程，及时调控评估。自主学习关注个体的独特性，为每个学生实现个性发展创造了条件，为每个学生个人价值与社会价值的实现奠定了坚实的基础。

（四）创新性

创新是人们为了自身发展的需要，组织运用已知的经验与信息，突破常规，发现或创造某种新颖、独特的具有社会价值与个人价值的新事物、新思想的活动。

创新性是自主学习的最高层次。自主学习不仅能激发学生自主完成认知，还能鼓励学生利用已有认知结构，在尊重事物发展客观规律的基础上，对所学内容进行创新性思考。此外，自主学习鼓励学生摆脱传统思维模式的束缚，大胆质疑，善于创新，善于质疑问难，发展其创新性思维，让学生真正成为学习的主人。

（五）引导性

引导性是指教师在学生进行自主学习过程中所发挥的作用而言的。学生能否进行自主学习、如何开展自主学习都取决于教师的积极组织与引导。教师以学生的认知结构和认知水平为依据，通过对学生学习方向、学习策略的选择、学习活动评价等自主学习过程进行积极的引导，帮助学生明确学习目的，鼓励主动思考，培养学生独立运用有效方法分析和解决问题，形成有效的认知模式。教师指导学生搜集、利用相关学习资源，营造轻松愉快的认知氛围，使学生充分发挥自身潜能，提高自主学习的有效性。

（六）相对性

自主学习活动中学生的自主具有相对性，相对性是针对绝对性而言的。因为在实际的自主学习活动中,完全绝对的自主或完全他主学习都是很罕见的。以学校、班级、课堂为主要教育教学场所的现代教学中，自主学习活动往往介于自主与不自主之间，具有一定的相对性。即学生在实际的学习活动中某方面是自主的，但其他方面却受到其他因素的影响与制约。学校教育中，教学目标、学习时间、课程内容、评价手段等都不能完全由学生自主决定。这就要求广大教育工作者根据具体情况，把握学生学习自主性的尺度，有针对性地开展学生自主学习活动。

（七）选择性

自主学习学生享有很大的选择权。首先，对于外界信息的接受、加工、整合、吸收是一个有选择的过程。学生能够根据自身的兴趣、需要、认知水平、特点等，在完成基本教学目标之上选择自己感兴趣的学习内容进行深入研究、探讨，选择那些他们认为有意义、有价值的学习材料。自主学习赋予学生的这种选择性能够激发学生内部学习动机，促进学生主动学习，从而实现学生主动发展。

三、主要方式

当前我国教育工作者经过多年探讨，总结出多种基于自主学习的有效教学方法。如魏书生的"六步教学法"、黎世法的"异步教学法"、卢仲衡的"自学辅导教学法"、上海育才中学的"八字教学法"等。

（一）魏书生的"六步教学法"

当代著名教育改革家、全国特级劳动模范魏书生老师在教学改革实践中，以培养学生自主学习能力为教学核心，经过长期的教学实践创立了以"定向"、"自学"、"讨论"、"答题"、"自测"、"日结"为基本教学过程，以"知"、"情"、"行"、相互作用的规律为依据，培养学生自主学习能力的教学方法。首先，确定课堂教学目标、重难点，明确课堂发展方向。第二，通过学生自主学习，自主完成掌握新知，完成知识建构。第三，在教师引导下，学生通过讨论、答题，以集体智慧解决学生自主学习中所存在的问题。第四，自测、日结。学生进行自我评价和总结，及时反馈认知情况。这种方式可以培养学生自主学习的能力，让学生了解自身学习的方向，提高学习效率。通过自主学习使学生体会到获得新知的过程，提升学生自主学习的恒心与毅力。

（二）黎世法的"异步教学法"

"异步教学法"是湖北大学的黎世法教授在广泛的教育调查与研究的基础上提出的鼓励学生自主学习的教学方法。其基本的课堂步骤为：制定计划—主动自学—启发思维—及时小结—独立作业—改正错误—系统总结—运用创造。这种教学模式明确了教学目标，学生在教师的指导下进行积极的自主学习，充分调动了学生学习的积极性，实现了学生自主学习与教师微观指导相统一。

（三）卢仲衡的"自学辅导教学法"

"自学辅导教学法"是我国心理学家卢仲衡先生创立的一种教学方法。这种教学方法将学生自主学习与教师教学有机结合，强调学生在教师的启发、指导下自主学习教学内容，进行练习、自我检查与更正。"自学辅导教学法"遵循以下七种教学原则：班定步调与自定步调相结合的原则；教师指导下学生自学为主的原则；启、读、练、知、结相结合的原则；利用现代化手段来加强直观性原则；采用变式复习加深理解和巩固的原则；自检和他检相结合的原则；强动机、浓兴趣的原则。教学的基本步骤为：启发引导—阅读课本—自做练习—指导练习结果—教师小结。

（四）上海育才中学的"八字教学法"

著名教育家、上海市育才中学名誉校长段力佩在语文教学中提出了鼓励学生自主学习的"八字教学法"。所谓"八字教学法"，即"读读议议练练讲讲"。学生依据这八字作为自主学习的基本程序，主动获取知识，变被动接受知识的学习方式为主动积极的自学模式。"读读"是引导学生主动阅读教科书，主动汲取知识。教师在学生读的过程中可以加以巡视、指导，了解学生认知困难。"议议"是学生在主动阅读完教科书之后，教师指导学习小组的同学对于读书中遇到的疑难问题予以讨论。以讨论的形式，集思广益，运用集体思维分析、探讨问题，寻求问题解决途径。"练练"是为了进一步消化教材，巩固所学的知识，转化为技能，从而进行训练。包括做习题、口头回答、作业、小结和实验等，帮助学生巩固知识。"讲讲"环节的主要内容是对学生引导、解疑和教师对整节课知识点的总结。学生能够进行及时的反思与自我评价，优化其认知方式，提高学习效率。

以上这些自主学习模式，虽然具体操作步骤有所不同，但究其本质都在于挖掘学生自主学习的潜力，培养学生主动学习的精神，激发学生的创新精神。因此，在具体教学中，我们要根据实际情况创造性地运用这些教学模式，提升学生自主学习的质量。

四、优势与局限性

如前所述，自主学习法具有选择性、能动性、自主性等特征。这种学习方式也具有其他学习方式所不具备的突出优点，主要表现为：

（一）有助于培养学生的主体意识

学生主体意识的形成与发展是学生实现全面自主发展的前提和基础。自主学习关注学生主体意识，突出了学生的主体性地位。自主学习尊重个体认知的差异性，使教学工作真正做到满足每个学生的发展需求。自主学习活动中学生具有自主选择学习内容、学习方式、合理调控学习时间、对学习结果进行自我评价的权利，这些都将有利于学生主体意识的培养。

（二）有助于养成自我评价的习惯

实践证明，自主学习法是充分调动学生学习主动性、提高教学效率的有效方式。通过自主学习，学生能够对学习态度和方法、学习过程与结果等进行自我反思与评价，逐渐探索符合自身认知特点的学习方法。同时，引导学生对自主学习活动进行反思与评价也符合新课改理念的基本要求，让学生在学习活动中亲身感悟知识的形成，增强学习兴趣，提高自学能力。

（三）有助于培养学生的独立意识

新课程改革背景下，教师教学活动的主要任务已不再是简单地传授知识，同时还是整个教学活动的组织者、引导者和管理者。在自主学习活动中，教师要根据实际情况引导学生主动思考、积极探究，培养学生独立钻研的精神。具体来说，要引导学生学会自主选择学习内容，安排学习时间，掌握学习进度，制定自身学习计划。这种在教师引导下的自主学习的模式有利于培养学生的独立意识，使学生真正成为学习活动的主体。

（四）有助于发展学生的非智力因素

所谓非智力因素是指区别于人的智力因素之外的、参与学生学习活动并产生影响的个性心理的因素，如兴趣、情感、意志和性格等。学习活动是一个复杂的过程。学生对知识的同化、顺应和建构不仅对学生注意力、观察力、思维力、想象力等智力因素有一定要求，同时其非智力因素也在学生的学习活动中发挥着一定的作用，影响学生的认知。自主学习能够使学生形成正确、积极的情感体检，培养学生坚定的学习意志。

作为新课改所提倡的学习方式，自主学习越来越受到教育界乃至整个社会的重视与关注。然而，由于种种原因，自主学习在实际教学实施中还存在一些问题。这些问题不仅成为实施自主学习的障碍和束缚，同时也影响了新课程改革整体目标的实现。

第一，自主程度难于把握，影响整体学习效果。自主学习与传统教学中的被动接受式学习存在很大差异（如表1所示）。学生由被动接受知识变成了学习的主人，具有自主安排、组织、选择学习内容、过程、方法的权利。对于一部分教师而言，由于对新的学习方式缺乏足够认识，在指导学生进行自主学习活动时，容易对引导欠缺适度的把握。如果教师的指导、干预程度过多就使学生的自主学习活动丧失了意义。反之如果过少，又会导致学习活动杂乱无章、学生放任自流、学习效率不高等。

第二，已有知识经验不足，影响自主学习效果。美国著名教育心理学家格拉泽和德考特曾说"当已有的正式知识和非正式知识没有被作为未来学习的跳板时，新任务的学习是很困难的"。这足以说明学习活动不是一个孤立的过程。任何学习、认知的实现都是以先前的认知经验为基础。

表1 传统的被动学习与自主学习的差异

	被动学习	主动学习
学习动机	外在的强制力量	内在驱动，实现自我效能感
学习目标	模糊、不明确	提高知识水平、培养创新精神和实践能力
学习内容	以教科书为主、教师布置的任务	自己感兴趣、有意义的内容，可以超越书本知识
信息来源	教科书、教师	渠道广泛
活动方式	由教师决定	根据解决问题的需要采取多种形式
师生角色	以教师活动为主 教师有权威、控制作用	以学生活动为主 教师起协作、促进、指导作用
学习态度	被动接受、盲目服从	主动求知、探索、创新
评价方式	定量评价、注重结果	定性分析，即重结果，更注重过程

（资料来源：靳玉乐．自主学习 [M]．成都：四川教育出版社，2005：19.)

学生已有的认知经验是学生进行自主学习的前提与基础。如果在实际教学中，教师不考虑学生已有的认知水平、知识结构，盲目利用自主学习方式，不仅不会达到激发学生自主学习、发展学生独立思考之目的，还会使学生无法实现真正的有意义学习，丧失学习兴趣，影响自主学习的结果。

第三，缺乏内部学习动机，学习积极性不高。从心理学的层面上来讲，学生的内部学习动机是学生进行学习活动的动力。或者说兴趣与内在需求构成学生真正实施自主学习的核心要素。当今学生自主学习积极性不高，很大程度上是由于学生缺乏内部学习动机,学习目的模糊。很多学生学习的目的往往是为了完成任务、通过考试或者应付家长、教师要求。这样的学习动力所产生的自主学习活动的效果与持久性是值得怀疑的。对于绝大多数学生而言，学习活动停留在消极被动的层面上，缺乏内在学习动机是自主学习方式难以真正实施的主要原因。

第二节　新课程背景下自主学习法的实施

一、实施的必要性与可行性

第一，开展自主学习有其深厚的理论基础。首先，辩证唯物主义认为内因是事物发展的决定性因素，外因是事物发展的条件，外因通过内因起作用。教学活动中，学生是学习的主体，属于内因，教师、教材、学校、社会环境等条件都是外因。外部的诸多因素只有通过促使学生的"学"发生质的变化，才能真正达到教学效果。其次，建构主义学习理论认为知识是个体在与环境交互作用的过程中逐渐建构的结果。学习是积极主动的反思性的过程，靠学习者内在的控制和协调，通过自我定向、自我建构、自我评价、协作学习等方式来发挥主体作用。所以，培养自主学习能力符合学习规律的必然要求。

第二，自主学习适应现代社会发展的需要。知识经济时代，科学技术日新月异，信息传播速度加快，新知识不断涌现，社会对人才的素质和能力提出了更高的要求。一次性的学校教育已经不能满足社会对人才的需要。社会对人才质量的评价标准不再是分数高不高，掌握的知识多不多，而是看是否具有获得知识的能力、动手实践的能力、解决问题的能力、自我生存和发展的能力等。学校教育的使命不再是仅仅教给学生专业知识，更重要的是培养学生终身学习的能力。只有具备自主学习意识和学习能力的人才能适应现代社会的需要，在竞争中立于不败之地。

第三，自主学习是个体自身发展的主观要求。一方面，每个人都有自主意识，独立思考、独立判断、独立选择、独立负责的能力是完善人格的重要组成部分。独立人格的培养需要建立在学习的自主能力培养上。另一方面，教学和课程改革强调转变学习方式，提倡自主学习。目前，我国中小学生自主学习能力普遍偏低。由于学习任务繁重，考试压力大，家长教师监控严密，学生虽然正处于好奇心强、好学好问的年龄段，却被看不完的书、写不完的作业压制了自主探究的热情，剥夺了学生自由教育的权利。自主学习充分体现了学生的主体性，变被动为主动，是实现个体全面发展的必然要求。

第四，自主学习有其存在发展的客观环境。丰富多彩的学习材料是满足个别化学习的前提条件，也是达到自主学习的重要物质条件。网络的普及和现代教育技术的发展为个性化的自主学习提供了有利条件。网络多媒体为自主学习提供了丰富的学习材料、学习平台、便利交互方式和学习手段。此外，各种适合自主学习的学习材料也在研发和应用中。

二、实施的基本步骤

自主学习在课堂上的实施主要包括四个步骤：创设情境——自主学习——协作学习——拓展延伸

（1）创设情境：呈现与当前学习主题基本内容相关的情境。

（2）自主学习：给学生充分的自主权，为学生提供自学空间。

（3）协作学习：讨论交流，相互补充和修正，展示学习成果。

（4）拓展延伸：在总结评价的基础上，将自主学习由课内延伸至课外。

请看下面的案例：

案例一 《动物的本领》教学设计

北京市海淀区红英小学 王红丽

教学目标：培养学生关爱动物、热爱大自然的情感；培养学生通过网络进行自主学习，提高获取信息的能力；了解动物建筑、伪装、运动、逃生四方面的本领。

教学重点、难点：通过网络获取大量动物本领的相关知识。

教学过程：

情境导入

师：同学们，老师知道你们都非常喜欢动物！而且还很想和它们交朋友。因此，老师就把它们请到了我们的课堂上，你们看它们来了。（放片段）你们认识它们吗？它们都有什么样的本领呢？（学生自由发言）它们还在哪些方面表现出特殊的本领呢？你们想了解吗？

师：好，现在就请同学们迅速登录"动物的本领"这个网站。（网上学习要求：由于时间关系，我们不可能详细地浏览网上所有的内容，这怎么办呢？这样吧，请同学们先去详细地了解动物某一方面的本领，并把你感兴趣的内容保存在自己文件夹里，然后咱们再相互交流。）你们看这样好吗？开始吧！

小组交流

师：刚才同学们网上浏览得都非常投入！老师发现有些同学还把自己的收获做成了电子文稿保存在文件夹里，非常值得表扬。你愿意把你的收获介绍给你的同桌或好朋友吗？（学生们纷纷下座位互相交流）

交流汇报

师：谁愿意把自己从网上了解到的动物本领介绍给全班同学呢？哪位同学愿意先来说说？（学生分别介绍动物四方面的本领：建筑本领、逃生本领、运动本领、伪装本领）

课后延伸

师：同学们，当你们了解了这么多动物本领之后，你是否发现这些动物……所以我们要……

师：（小结）只要我们每一个人都献出一份爱（板书：画心形），它们就可以自由地驰骋于草原，穿梭于森林，翱翔于天空，嬉戏于大海。让我们每时每刻都能感受到它们的神奇与美丽！

师：可是同学们，你们知道吗？它们还有其他方面的本领我们还没有了解。你们想了解吗？那你们打算用什么样的方法来了解呢？想通过网络了解的，老师再给你们推荐三个网站——"北京科普网站"、"中国科普博览网站"、"北京野生动物园"；想通过书籍了解的，老师再向你们推荐书目《地球村的动物邻居》、《动物百科》、《科学启蒙文库》；想通过电视节目了解的，老师也向你们推荐电视节目"探索"、"动物世界"、"狂野周末"……

（资料来源：北京市海淀区教育科学研究所．自主课堂100例教学设计[M]．北京：开明出版社，2006．）

该案例是人教版小学科学三年级上册第三单元第一课。教师把教学过程设计为四个环节：创设情境——自主学习——交流汇报——拓展延伸，每一个环节都为学生创设了自主、开放的探究空间。教师通过网络为学生提供自学平台，学生对学习内容、学习时间、学习资源等方面都有充分的自主权，并且形成了"教师指导学习——学生个体学习——学生群体合作学习"三要素的优化动态组合。

三、实施的注意事项

第一，自主学习不等于自学和独立学习。北京师范大学程晓堂教授认为：自学受到学习目标和客观条件的限制，如为了考试而自学，学习者在学习内容和学习材料等方面没有选择的自由，所以称不上自主学习；独立学习往往指在不依靠他人的帮助下进行学习，如自学，教师给学生规定学习范围、学习要求后让学生独立学习。在这种情况下，学生的自主程度很低，所以也称不上自主学习。那么自主学习的实质是什么？美国华盛顿城市大学齐莫曼教授认为，当学生在元认知、动机、行为三个方面都是一个积极的参与者时，其学习才是自主的。

表2　自主学习的理解维度 [1]

科学的问题	心理维度	任务条件	自主的实质	自主的信念和子过程
1. 为什么	动机	选择参与	内在的或自我驱动的价值观、归因等	自定目标、自我效能感
2. 怎么样	方法	控制方法	有计划的或习惯化的	策略使用、放松等
3. 何时	时间	控制时限	定时而有效的	时间计划和管理
4. 学什么	行为表现	控制行为	意识到行为和结果	自我监控、自我判断　行动控制、意志等
5. 在哪里	环境	控制物质环境	对物质环境的敏感和随机应变	环境的选择和营造
6. 与谁在一起	社会性	控制社会环境	对社会环境的敏感和随机应变	环境榜样、寻求帮助等

齐莫曼认为，确定学生的学习是否是自主的，主要依据表中的第三列，即任务条件。如果学习在某些方面不具备这些特征，则其自主程度就下降。

第二，自主学习是课堂教学的有益补充。没有教师、课本和课堂的完全自主

[1]　Zimmerman B. J. Dimension of adademic self-regulation. In Schunk D. H & Zimmerman B. J：Self-regulation of Learning and Performance. Lawrence Erlbaum Association, 1994, P8.

学习状态是不存在的。程晓堂教授指出："我们提倡的自主学习，是在学校教育环境中创造一定的自主学习的空间，以期满足不同学习者的需要，激发学习动机，提高学习效果，并且培养自主学习的能力以便学习者离开学校以后能继续学习。学校仍然是学习的主要场所，是学习资料的主要来源；教师仍然具有传道、授业、解惑的作用；教学大纲仍然是指导学生学习的重要文件。学习者可以有自己的学习目标，但这种目标不应该与教学大纲的总目标相抵触。当然教学大纲必须是合理的、现实的。因此，自主学习不是否定已经有悠久历史的学校教育，而应该是学校教育的组成部分，是课堂教学的必要补充。"因此，如何开发设计自主课堂，发挥自主学习的补充作用，是一线教师应该着力解决的问题。

　　第三，自主学习中不可忽视教师的作用。如前所述，自主学习不同于自学和独立学习，仍然需要教师的指导。自主学习中，教师的作用绝不是对学生的学习活动放任自流、袖手旁观，而是由显性的指挥转变为隐性的引导，将学生推向主体地位。而要把学生锻炼成合格的或优秀的学习主体，必须加强学习策略培训。所谓"授之以鱼，不如授之以渔"；学生要真正由"学会"转变为"会学"，掌握各种适合自己的学习策略是必不可少的条件。教师在指导学生自我学习的过程中，要教会学生制定自己的学习目标并选择适合自己的学习内容；教给学生在设定目标、制定计划及采取行动中所需要的技能和方法；就学生的学习和行动计划与学生进行协商；引导学生进行自我引导的挑战活动；反思学生的自我评价等。[1]

第三节　新课程背景下自主学习法的案例实录与评析

本节通过两则案例具体介绍自主学习的教学过程。

实例一　语言的魅力

北京市海淀区玉泉小学　尚玉红

教学目标：

　　1. 了解法国著名诗人让·波浩勒用语言帮助盲人老人的事，体会诗人同情帮

---

[1] Maurice Gibbens.The Self-Directed Learning Handbook-Challenging Adolencent Students to Excel 自我指导学习——挑战卓越[M].北京：中国轻工业出版社，2005：4.

助残疾人的善良品质，感受语言的魅力。

2. 有感情地朗读课文。

3. 练习用有魅力的语言写警示语。

教学重点：体会诗人添上那几个字以后产生的巨大作用，感受语言的魅力。

教学难点：用有魅力的语言写警示语。

教学准备：

1. 课前师生共同查阅有魅力的语言以及有关故事。

2. 多媒体课件、实物投影。

学具：彩色图片。

教学过程：

1. 这节课我们继续学习23课，齐读课题。

2. 上节课我们初读了课文，请同学们打开书浏览课文，看一看你还有什么不懂的问题。

（学生默读课文，老师简单板书学生提出的问题）

3. 现在老师就和大家一起深入学习课文，共同解决这些问题。请大家默读课文，这几个问题中哪个问题不懂，就重点思考这个问题，把能解决这个问题的重点词句画下来，把你的理解在旁边做简单的批注。（学生自学）

4. 让·波浩勒添上那几个字以后，情况有什么变化呢？

（随着学生的发言投影老人的两句话）

"我，我什么也没有得到。"

"先生，不知为什么，下午给我钱的人多极了！"

5.（1）这是一位怎样的老人呢？把课文中描写老人的句子读一读，看一看，从这段话中，你对老人有了哪些了解呢？

（2）你能用一个词概括一下这是一位怎样的老人吗？

（3）了解了老人的情况，我们再来看看这句话（投影的第一句），想一想应该怎样读呢，自己读读。

（4）还有不同的读法吗？

（5）老师想和同学们一起读读这两句话可以吗？（请一位学生和老师一起读，学生读第一句话，老师范读第二句话。）

师：从我们的朗读中你听出了什么？

（6）请大家带着自己的理解和同桌一起读读这两句话。（同桌读）

师：谁愿意和你的伙伴一起读读这两句话？（请学生自由选择伙伴读）

6.（1）诗人添上的那几个字改变了什么，才使老人的收入变了，心情也变了？什么没有变？

（投影：诗人添上这几个字后，变了，没变。小组讨论讨论，全班交流）

（2）还是在这条大街上，还是这个盲老人，还是同样的乞讨方式，可结果却截然不同。盲老人不知道这是为什么，你知道这是为什么吗？

（3）诗人添上的那几个字为什么会产生这么大的作用呢？你们自学后进行了交流，现在你知道这是为什么了吗？不用举手，谁想说就说吧！

（4）你能把课文中描写春天的句子有感情地读读吗？

7.你们都喜欢春天，老师也喜欢春天。下面老师和大家一起欣赏春天的景色！（录像）

师：你们读了春天，看了春天，能把自己脑海中春天的景色也用这种形式表达出来吗？

（投影：春天是美好的，那，那，那……怎能不令人陶醉呢？）

请你们自己想一想，同桌说一说，请同学在全班说。

（请两位同学在全班说）

8.我们眼中的春天多美呀！同学们，正是诗人添上这几个字让人们仿佛看到了百花争艳、百鸟争鸣的春天，可是对于这位双目失明的盲老人来说，一生里也许连红花绿草都永远不曾见过，眼前永远是一片漆黑。（投影：老人黑屏）

（1）此时，如果你是繁华的巴黎大街上的一个行人，你会怎么想，会怎么做呢？

（2）请你们带着此时的感受把课文的最后一自然段读读。

（学生自由读）

（3）谁愿意把课文的最后一自然段读读？

（请一人配乐朗读）

（4）每个同学桌上有一张纸，上面有三幅图。请你们自己选择其中的一幅，给它配上有魅力的语言，看谁写的语言最能感染大家，打动大家。如果你愿意三幅图都写也可以。

9. 同学们课下搜集了一些有魅力的语言和有关故事，请你们课下以小组为单位制作一期墙报，看看哪个小组的墙报最好。

（资料来源：北京市海淀区教育科学研究所. 自主课堂100例教学设计 [M]. 北京：开明出版社，2006.）

该课例的任课教师在设计思路和教学反思中强调这节语文课所展现的以学生为主体的几个特点：自主质疑——自主探究——自主批注——自由表达——自主实践。首先，自主质疑体现在学习问题不是由教师提出来的，而是由学生自己提出的，教师把问题列在黑板上，引导学生一一解决。第二，自主探究体现在教师不直接提示问题的答案，而是"摒弃繁琐的内容分析，以读为本，采取自由读、同桌互相读、找伙伴读、教师范读、评读等多种形式"，通过自主阅读探究问题的答案。第三，自主批注给了学生根据自身情况自主选择学习重点的权利，同时也是教师教给学生的一种阅读策略。第四，自由表达的机会使学生经历了思维的训练和语言文字的训练，符合阅读活动个性化和多元化的特点。第五，自主实践的环节把课内学习和课外实践相结合，课前搜集资料、课上给图画添加警示语、课后设计墙报等活动拓宽了自学的渠道，激发了学生的学习情趣。

实例二　中国工农红军长征

1. 利用毛泽东诗词《水调歌头·长征》导入新课。然后让学生利用20分钟阅读教材，整理自学笔记（长征原因、经过、意义等），再找两位同学把笔记写在黑板上。

2. 学生到黑板前书写自学笔记。

学生甲板书（笔记）

（1）王明"左"倾错误和红军第五次反"围剿"失败。

（2）长征开始：瑞金出发（1934.10）→突破敌人四道封锁线→强渡乌江→占领遵义。

（3）遵义会议（1935.1）：党的历史上生死攸关的转折点。

（4）继续长征：四渡赤水→抢渡金沙江→强渡大渡河→飞夺泸定桥→翻雪山、过草地。

（5）三大主力会师（1936.10）：长征胜利。

（6）胜利原因。

（7）长征意义。

学生乙板书（笔记）

中国工农红军长征	（一）原因：王明"左"错误和红军第五次反"围剿"失败	
	（二）经过	（1）开始（1934.10）：瑞金出发→突破敌人四道封锁线→强渡乌江→占领遵义 （2）遵义会议（1935.1）：党的历史上的转折点 （3）继续：四渡赤水→抢渡金沙江→强渡大渡河→飞夺泸定桥→翻雪山、过草地（北上抗日） （4）胜利（1936.10）：三大主力会师
	（三）意义	（1）长征胜利原因 _____ （2）长征历史意义 _____

教师结合板书笔记做重点辅导。

（1）师生共同订正板书"自学笔记"，并进行简单评价。

（2）讲述王明"左"倾错误表现，提问"左"倾错误的危害。学生回答后，教师指出：王明"左"倾错误造成的直接后果是红军第五次反"围剿"失败，红军被迫进行长征。

（3）挂出《中国工农红军长征路线示意图》，师生共同复述经过。

（4）出示《红军飞夺泸定桥》和《红军长征经过的水草地》图片，介绍长征的艰苦和红军战士不怕牺牲的精神，对学生进行革命传统教育。并根据课前布置，找两位同学分别讲述有关长征中英雄人物的故事。

（5）从时间、内容、意义等方面讲述遵义会议，突出这次会议的转折性意义。

（6）从红军战士的不怕牺牲精神和党的正确领导，师生共同归纳出长征胜利的原因。

（7）结合毛泽东《长征》诗词，概述长征的伟大历史意义。

（资料节选自王新秋．历史课"自学辅导教学法"的新尝试[J]．辽宁师专学报（社会科学版），2005．）

上述案例使用的是自学辅导教学法。本章第一节提到该方法是由中国科学院心理研究所的卢仲衡发起的。他利用心理学原则开发了在教师辅导下学生自主学习的教学方法，总结了"启、读、练、知、结"的课堂结构，目的是培养学生的自学能力，发展智能，打好基础。其中，"启"和"结"即启发和小结，是教师在课堂开始和即将结束时面向集体进行。中间"读、练、知"环节，即阅读、练习、了解，由学生自主完成，依据个人情况调节学习节奏。案例中，教师由毛泽东诗词导入新课，让学生自主阅读教材，整理自学笔记，教师重点辅导，师生共同总结，经历了启、读、练、知、结几个环节。课堂的大部分时间由学生支配，教师的"启"和"结"给予学生必要的支持和帮助。

【相关链接】

1．David Little（爱尔兰）等主编，邱永忠等译．自主学习方法与途径[M]．福州：福建教育出版社，2011．

2．许月良、张思明．自主学习在课堂上的20个细节[M]．天津：天津教育出版社，2008．

3．北京市海淀区教育科学研究所．自主课堂100例教学设计[M]．北京：开明出版社，2006．

4．靳玉乐．自主学习 [M]．成都：四川教育出版社，2005．

5．庞国维．自主学习 [M]．华东师范大学出版社，2003．

6．Dale Scott Ridley，Bill Walther 等著，沈湘秦译．自主课堂 [M]．北京：中国轻工业出版社，2002．

7．卢仲衡．自学辅导教学论 [M]．沈阳：辽宁人民出版社，1998．

8．为您服务教育网 - 学习方法：http://www.wsbedu.com/xuexi.asp

9．外语自主学习资源 http://ilearning.fltrp.com/iLearning/wpress/index.aspx

【要点回顾】

自主学习是指学生依据一定的教学目标要求，自主确定学习目标，选择学习策略，调节、监控学习过程，评价学习结果，主动完成知识建构的学习方式。自主学习具有自主性、能动性、独特性、创新性、引导性、相对性、选择性等特点。多年来，我国教育工作者探讨出多种基于自主学习的教学方法，如"六步教学法"、"异步教学法"、"自学辅导教学法"、"八字教学法"等。自主学习有利于培养学生的主体意识、独立意识，引导学生学会反思，养成自我评价的习惯，有利于学生非智力因素的发展。但在自主程度的把握、学生已有的知识经验、学习动机等因素方面，自主学习法还存在明显的不足，会影响自主学习的效果。新课程背景下实施自主学习具有深厚的理论基础，是现代社会发展、个体自身发展的必然要求。自主学习型课堂主要包括四个步骤：创设情境——自主学习——协作学习——拓展延伸。在具体教育实践中要注意以下几点：自主学习不等于自学和独立学习；自主学习是课堂教学的有益补充；没有教师、课本和课堂的完全自主学习状态是不存在的；自主学习中不可忽视教师的重要作用。

【思考题】

1．名词解释：自主学习、"六步教学法"、"异步教学法"、"自学辅导教学法"、

"八字教学法"

3. 自主学习有哪些特点？

4. 自主学习中教师的作用是什么？

5. 新课程背景下实施自主学习有何重要意义？

6. 请结合所学专业，举例说明如何调动学生自主学习的积极性和主动性？

第九章　基于新课程的合作学习法

案例导入

　　人教版八年级物理中"汽化和液化"这堂课的内容比较适合采用合作学习的方式：课前、课后的收集资料，课堂上的设计实验、进行实验，还有问题的讨论等。特别是探究"水的沸腾"实验，从实验装置到装水、加热、测量温度、观察时间和实验现象（气泡、声音的变化）、记录等，要让每个学生独立完成这些学习内容，确实有点困难，所以这堂课从实验的设计到实验的进行我都是采用合作学习的方式，放手让学生自己设计实验，然后小组讨论，交流合作，选出比较合适的方案进行实验。"为什么要选这个方案？这个实验要注意些什么？"都要求小组讨论达成共识，然后再具体分工，共同完成实验。开始我自认为这节课上得比较成功，除了个别小组没有控制好时间外，其他组都仔细观察了水沸腾的整个过程，并得出了相关的结论。在实验评估时各小组针对"为什么各小组测出的水的沸点不同？""为什么有些小组加热时间过长？"等问题展开了非常激烈的讨论，同时也得出了让我满意的答案。但是还在我沾沾自喜的时候，问题就出现了。在课后的练习中，我发现有这样一个问题学生错误率比较高：在探究"水的沸腾"实验装置中有两个铁圈，实验时应先固定哪个？按理说这个实验每个学生都亲手做过，印象应该很深。怎么会这样？我找了几个学生问其原因，他们竟然说"实验装置不是我负责的，我负责装水；我负责……"我顺便考了考他们："那么这个实验中加多少水比较合适？""至少要浸没温度计的玻璃泡，但也不要太多，否则实验时间太长，课上来不及完成。"

学生的回答让我陷入了沉思。我能责怪这些学生不认真吗？他们出色地完成了自己的任务，并且也掌握了相关的知识。但是这部分学生却没有明确这节课的学习目标，更不懂得如何合作。他们只是几个人合起来完成了共同的任务，根本谈不上合作学习。这是怎么回事？难道这些学生没有按照我的要求来完成？看来我被学生的表面现象迷惑了。作为教师，我有着不可推卸的责任。（资料来源：学科网—"合作学习'汽化和液化'案例的反思"http://www.zxxk.com/Article/0810/49450.shtml）

第一节　合作学习法概述

合作学习作为一种富有创意和实效的教学理论与学习方式已被世界上许多国家和地区所采用。合作学习方式在全面提高学生综合素质、形成学生良好认知品质、大面积提升学生学业成绩等方面成效显著。历史上，有关合作学习的研究和实践早已有之。早在两千多年前，我国最早关于教育的论著《学记》中就有"独学而无友，则孤陋而寡闻"的阐述，强调合作学习在学习活动中的重要性。在西方，公元1世纪古罗马昆体良学派就提出了学生可通过互助学习而共同发展的思想。18世纪末，英国教育家约瑟夫·兰开斯特和安德鲁·贝尔在英国首先使用合作学习方法。1806年，兰咯斯特学校在纽约成立，合作学习的理念开始传播到美国，并受到美国教育家帕克、杜威等人的推崇和倡导。20世纪60年代，美国教育家大卫.W.约翰逊和罗格.T.约翰逊兄弟在明尼苏达大学建立了合作学习中心，正式进行合作性学习的研究与实践。截至20世纪70年代初，合作学习已经在全美兴起了研究的热潮，并呈现出多种理论流派与研究成果。当前，合作学习作为一种主要的学习方式已经在全世界范围内得以广泛使用。

我国现代意义上的合作学习方式的研究与实践起于20世纪90年代初，并涌现出一批优秀的研究合作学习的专家学者。在当今新课程改革的背景下，教育正经历着一场深刻的变革。根据新课改要求，教育要面向全体学生，促进学生全面发展。国务院 2001 年 5 月 29 日颁发的《关于基础教育改革与发展的决定》中也指出："鼓励合作学习，促进师生间的相互交流、共同发展，促进师生教学相长。"这更意味着合作学习方式有着更广阔的发展前景，将受到更多的重视与关注。

一、概念界定

合作学习作为一种被广泛采用的教学理论与策略，由于其内容丰富、表现形式多样，早已引起了众多研究者的关注。但由于研究者的研究重点、角度不同，对合作学习概念的阐述也不尽相同。

美国约翰斯·霍普金斯大学的斯莱文 (slavin) 教授认为："合作学习是指使学生在小组中从事学习活动，并依据他们整个小组的成绩获取奖励或认可的课堂教学技术。"

合作学习的重要代表人物美国明尼苏达大学合作学习中心（Cooperative Learning Center）的约翰逊兄弟（D.W.Johnson.&R.T.Johnson）将合作学习描述为"合作学习就是在教学上运用小组，使学生共同活动以最大程度地促进他们自己以及他人的学习。"合作学习作为一种有系统、有结构的教学策略，在利用小组进行合作学习时依据学生能力、性别等因素将学生分配到异质小组中，实现同学间彼此协作，互相支持，以提高个人的学习效果，并达成团体目标。

著名教育心理学家、以色列特拉维夫大学的沙伦博士对合作学习进行了这样的界定："合作学习是组织和促进课堂教学的一系列方法的总称。学生之间在学习过程中的合作则是这些方法的基本特征。在课堂上，同伴之间的合作是通过组织学生在小组活动中实现的，小组通常由 3—5 人组成。小组作为一个社会组织单位，学生们在这里通过同伴之间的相互作用和交流展开学习，同样也通过个人研究进行学习。"

美国肯塔基大学教授嘎斯基认为："合作学习从本质上讲，是一种教学形式，学生以小组为学习活动实施的基本方式，在由 2—6 个学生组成的异质小组

(heterogeneous group) 中一起从事学习活动,共同完成教师分配的学习任务。在每个学习小组中,学生通常从事各种需要合作和互助的学习活动。"

美国著名当代合作教育研究专家、国际教育合作研究会主席戴维森认为合作学习的定义应包括以下七个要点:

(1) 小组共同完成、讨论、解决难题;

(2) 小组成员面对面进行的交流;

(3) 在每组中的合作、互助的气氛;

(4) 个人责任感;

(5) 混合编组;

(6) 直接教授合作技巧;

(7) 有组织并相互依赖。

在我国,对合作学习研究较早、影响力较大的学者山东省教育科学研究所所长王坦教授以现代社会心理学、教育社会学、认知心理学、现代教育技术学等为理论基础,将合作学习定义为:"合作学习是一种旨在促进学生在异质小组中相互合作,达成共同的学习目标,并以小组的总体成绩为奖励依据的教学策略体系。"

著名教育学者王红宇认为:"所谓合作学习,就是指课堂教学以小组学习为主要组织形式,根据一定的合作性程序和方法促进学生在异质小组中共同学习,从而利用合作性人际交往促成学生认知、情感的教学策略体系。"

我国台湾著名教育专家黄政杰教授认为:"合作学习即是学生一起工作达成其共同的目标,此目标不但有利于己,也有利于其他人。合作学习采用小组学习方式,学生一起学习进而扩大自己和他人的学习。合作学习的形态是单纯的,全班学生在教师授课后,即分成小组,在小组中每个成员都要学习指定的作业,直到每个人都理解和完成为止。合作学习中,所有成员是相互得利的,彼此相互依赖。"

我国著名学者庞国斌和王冬凌在对合作学习进行了大量的研究后将合作学习定义为:"合作学习是指在教学过程中,以学习小组为教学基本组织形式,教师与学生之间、学生与学生之间，彼此通过协调的活动，共同完成学习任务，并以小组总体表现为主要奖励依据的一种教学策略。"

综上所述，尽管国内外学者对合作学习定义的表述各不相同，但皆阐述了合作学习的本质，即合作学习是以教师为主导，学生为主体，合作学习小组为基本教学组织形式，小组总体成绩为评价和奖励依据，通过学习者之间的合作互助活动，利用教学动态因素之间的互动，促进学生认知活动的完成，实现既定教学目标的教学策略或学习方式。

二、基本特点

（一）充分体现学生的主体性和教师的主导性

在实际教育教学活动中，学生作为教育接受者，受身心发展阶段、水平和原有认知经验等各方面的限制，其学习活动仍然需要教师的引导与帮助。学生作为独立的认知个体，具有主动发展、积极满足个体需要、愿望等内外在需求。合作学习方式能够充分尊重学生的主体性，强调师生间、生生间的自主合作与交流。合作学习活动可以根据学生的实际情况开展，对学生集体意识、合作意识与主体意识等的培养是其他教学方式所无法比拟的。另外，合作学习的过程为学生提供了展现自我的机会，帮助学生提升与人交往的技能。学生在完成个体知识建构、实现教育教学基本目标的前提下，通过合作学习的集体教育模式形成正确、积极的情感、态度与价值观。合作学习能够激发学生内部学习动机，充分发挥其主观能动性，使学生真正成为教育教学活动的主体，实现学生自主、全面发展。

对于教师而言，合作学习方式要求教师改变传统式知识灌输者的角色，积极运用各种教学手段与策略保证合作学习的质量与效果。教师要全面提升个人综合素质，指导、帮助学生建立良好的合作交流环境，鼓励学生展示自我、培养合作精神并根据学生在合作学习中所遇到的困惑进行及时的疏导。可以说，教师在学生合作学习的活动中扮演着指导者、合作者、管理者、参与者及咨询者等多种角色。

这打破了传统教学中以教师为中心、课堂为中心、教材为中心而忽视学生学习主体地位的局面。

（二）注重课堂教学的生成性

传统课堂教学中，学生被当作知识灌输的容器，几乎被剥夺了主动参与教学活动的权利。课堂气氛沉闷，教师刻板遵循教学目标与教材内容使课堂程序化，无法调动学生学习的主动性与积极性。而合作学习以学生为学习活动的主体，为学生提供了一个开放的、自由表达和展现自我的空间，创设了有利于学生合作的情境。这不仅能够使学生真正参与到课堂教学活动之中，根据自己的生活、认知经验、个人爱好、兴趣等围绕共同的学习目标，充分发挥个人的思维与内在潜力；同时，还使学生积极与其他学习成员交流思想，形成思想碰撞，对发展其抽象、纵深思维大有裨益。合作学习通常以小组为单位，不同性别、能力、认知方式的学生通过合理编排到一个合作小组，有利于其成员间相互启发思维，共同构建问题解决的方法，提供富有建设性的建议与意见。它强调利用集体力量共同完成学习任务，完成个体知识建构。在合作学习中，学生还能够通过对小组其他成员的思想、观点等进行思考与批判，使整个学习过程由传统的"既定式"知识产生模式转变为"生成性"的课堂知识呈现模式，为学生营造了主动思考、认知的氛围，使学生的认识突破了教材、课本、课堂的局限。

（三）强调学生共时参与性

学生共时参与性是指在教学活动中学生同一时间内参与教学活动。传统教学组织模式下，由于班级人数较多，教师很难兼顾到每一位学生。在有限的课堂教学时间内教师很难组织全体学生共时参与认知活动，课堂效率较低。尤其是教师在进行必要的教学指导与帮助时受客观实际所限，往往只能针对某一部分学生而不是全体，造成了一些学生课堂学习时间的浪费。因此，教师在因材施教与关注整体之间很难达到二者兼顾。合作学习以小组为学习活动的基本单位，实现了学生在课堂教学活动中的共时参与，突出了每位学生学习活动的主体性。在小组合作学习中，每位学生都有平等的机会参与讨论、展示自我。这大大扩大了学生参与课堂教学活动的广度，激发了学生的学习兴趣与学习动机。合作学习能够使学生成为教学活动的积极参与者，充分地展示自我，以增强分析问题、解决问题的能力，提高学习效率。

（四）鲜明的利他共享性

目前，中小学教育评价机制还存在一些弊端，如过多强调个体竞争意识而忽视团队合作精神的培养。在这种氛围下，学生缺乏与人交往合作的基本技能，忽视团体合作力量，没有帮助他人共同进步的意识。不难想象这种缺乏奉献精神、自私、冷漠、没有集体大局意识的"人才"步入社会后，根本无法满足我国新世纪创新性人才的需要。而在合作学习中，学生能够依靠团队集体智慧相互合作、群策群力、优势互补解决面临的学习问题，既节省了学习时间又提升了学习效率。小组合作学习具有共同的学习目标，学生之间相互信任、依赖，共同完成集体任务。在完成自身认知、发展的过程中也能够协助其他成员发展与进步。因此，合作学习模式具有鲜明的利他共享性特征。

三、主要方式

结合世界上许多国家和地区对合作学习的研究与实验，这里将合作学习归纳为以下几种。

（一）师生互动型

师生互动合作学习形式起源于 20 世纪 50 年代，于 80 年代正式形成系统的理论流派。其主要代表人物有前苏联著名教育家阿莫那什维利、沙塔洛夫、谢季宁和伊万诺夫等。

师生互动型合作学习以尊重学生的个性、教育过程贯穿师生相互理解和尊重人道精神为宗旨。倡导师生之间建立民主平等、相互信任、善于合作的教学认知模式。在这种学习模式中，学生在教师的指导与帮助下，主动参与教学、学习活动，从而完成知识建构，形成技能与能力。教师以学生为中心，为学生积极创建有利于学生认知的讨论、交流、合作环境。鼓励学生从不同的视角分析问题、解决问题，使学生获得愉快的认知情感体验，提升内部学习动机。师生互动型合作学习作为一种系统的理论，注重师生民主平等，充分尊重学生个体差异，提倡教师与学生之间建立亲密的合作关系。经实践研究证明，这种认知方式可以最大化地激发学生的创造性和内在潜能，有利于学生学习兴趣和学习动机的形成与培养。

（二）师师互动型

师师互动型合作学习的理论与实践起源于 20 世纪 80 年代末的美国，以鲍文斯和胡卡德为代表人物。

师师互动型合作学习的提倡者认为传统教学中，教师与教师间缺乏有效的沟通与交流。课堂教学往往由一名教师单独组织掌控，很容易忽视学生的个体发展，教学思维模式单一，不利于学生的全面发展。从长远上看，这种教学模式已经不能适应经济时代发展的要求。师师之间如果能够相互交流、相互支持、共同处理教学事件，这样不仅有助于缓解教师个体压力，同时通过群体智慧也有助于帮助教师提升整体教学效率。此外，师师互动型合作学习模式还能够合理有效运用教学资源，实现人尽其能、物尽其用，防止教学人才资源、物质资源的浪费。

（三）生生互动型

生生互动型合作学习模式是当今世界各个国家和地区应用最广、最普遍的合作学习模式，也是新课程改革所倡导的最主要的合作学习模式。

生生互动型合作学习以小组合作学习为主要组织方式，学生之间相互信任、合作，共同完成学习任务，实现学习目标，完成个体知识建构。实践研究表明，在生生互动型小组合作学习中，有效的合作学习小组通常由三至五人构成。这样既避免由于小组人数过少达不到分工合作、集思广益的目的，又避免由于小组人数过多导致小组个人表现机会减少，合作任务过于细化，浪费课堂学习认知时间等。在生生互动型合作学习活动中，学生之间共同活动，共同探究学习任务，充分发挥个体认知主动性，最大限度促进自身以及他人的学习。生生合作学习以小组为载体，有利于学生集体合作意识的培养，兼顾学生个性与群体团结互助精神的发展。这里值得一提的是，生生互动型学习需要教师的正确引领与指导，要求教师具有较高的综合素质，适时有效地帮助学生解决合作交流中所遇到的问题。

（四）全员互动型

全员互动型合作学习是指在教育教学活动中，整合、调动一切有利于教学进展实施的有利因素，共同促进教育教学的开展与学生全面发展。这种学习模式是我国教育研究者们在研究借鉴国内外有关合作学习模式的基础上，综合影响教学活动的各种因素于本世纪90年代提出的较为全面的合作学习模式。

这种学习模式是对以上叙述的三种教学模式之综合运用，是将师生互动学习、生生互动学习、师师互动学习以及与影响合作学习有关的其他外界因素，如家庭氛围、社会文化、社区环境等进行综合与统一，使合作学习理论更系统、更完善，适用范围更广泛。全员合作学习模式的理论研究将合作学习活动的视野由单纯的课堂、学校扩展到更广阔的空间。这有利于教学工作者针对影响学校教学问题的因素进行全面系统的思考，便于开拓合作学习方式的运用领域。目前，这种学习方式是合作学习的最高层次，但由于实际情况、教育教学条件限制，全员合作学习在实际操作过程中还面临很多亟待解决的问题。

四、优势与局限性

合作学习的优势主要体现在以下几个方面：

（一）有利于培养学生的合作意识和集体观念

合作意识是21世纪人才所必须具备的基本素质。一个人如果缺乏合作精神与技能，不善于与他人合作，就无法高效、综合地利用知识，更无法适应时代发展的要求。合作学习方式作为学校教育中培养学生合作意识的重要教学手段已经受到了越来越多的关注。在合作学习中，学生为达到共同的学习目标，合作小组充分信任、彼此依赖并进行任务分工，有利于学生间建立起一种亲密、融洽的合作伙伴关系。在实际教学中，合作学习方式也可以与其他的教学方法相结合。通过设置具体的认知情境使学生学会倾听、理解、掌握合作技能，建立和谐的人际关系。

（二）面向全体学生，重视学生的全面发展

实现学生的全面发展、培养高素质人才是合作学习的最终目标。在教学中运用合作学习方法，学生能够充分发挥学习自主性，有利于其认知情感、态度、合作沟通技能等全面发展。在师生合作、生生合作、师师合作、全员互动合作等多种形式的合作学习中，学生能够获得平等的表达、锻炼机会，可以激发、调动各种因素，共同促进学生学习兴趣、团队精神、协作能力等综合素质的培养，以提升教学效率。合作学习为学生营造的平等、轻松、和谐的认知环境能够帮助学生克服认知活动中的紧张情绪，促进学生情绪情感体验及良好学习习惯的养成。

（三）有助于学生主体性的发展和社会化程度的提高

传统教学模式中，教师是知识的传播者、课堂教学活动的主宰者。课堂教学活动主要由教师支配与控制，教师的权威角色影响了学生学习主体地位的发挥。针对这种弊病，人本主义心理学家罗杰斯对此进行了激烈的批判与反驳。他倡导："废除传统意义上的教师（teacher）角色，以促进者（facilitator）取而代之，也就是说，要废除教师中心，提倡学生中心。"合作学习以促进学生全面发展、均衡发展为根本目的，充分尊重学生的主体地位。学生通过小组合作，共同完成学习目标，共同承担责任，注重学生合作交流的真实性。从社会学角度来讲，合作学习的集体性教学模式不仅促进了学生个体发展，还提升了学生集体意识、社会性的发展。合作学习对于防止学校教育与社会实际相脱节，提高学生的社会化程度具有积极的意义。

（四）有利于培养学生的创新能力和多渠道获取信息的能力

以小组为单位的评价方式在提高学生自我监控、自控能力等方面具有其他教学方式所不具备的优势。合作学习能够有效地激发学生的潜能。合作学习在促进学生认知主体性发挥的同时，引导学生主动学习。学生为了完成学习任务，实现学习目标，通过各种渠道积极主动搜集信息（网络、书籍、实验室等），大大改变了传统教学活动中知识来源单一（仅仅由教师、教材提供、展现）、学生被动学习、知识面狭窄、缺乏创新能力等现象。

在实际教学中由于教学工作者对合作学习缺乏正确认识、学生欠缺合作意识等多方面原因，合作学习在具体实施中也容易出现诸多问题。

第一，学生参与机会不均等。

以小组为基本组织形式的合作学习，如果缺乏合理分工与教师的正确监督指导，合作学习模式很容易走向极端。具体表现为小组合作学习由优生操纵，占据合作学习的主动权；学习困难学生依赖性严重，丧失自主思维，成为合作学习的摆设，无法真正发挥小组学习成员之间真正的合作交流，学生表现、发展机会不均衡。这不仅没有实现合作学习所倡导的全面促进学生发展、提高学生综合素质的宗旨，还极易造成无效教学、学生学业失败、班级成绩两极分化严重等多种问题。

第二，合作学习小组分组不科学。

在日常课堂教学中，合作学习小组的安排与组织往往以学生的座位位置、学习成绩等外在显性因素决定。比如，最常见的小组合作学习形式是按前后座位自然分成四到六人小组。教师在设置、编排合作学习小组时具有绝对的权威，很少顾及到学生个人发展的需求。而诸如学生认知特点、脾气、性格特征等影响学生认知的隐形因素往往没有进入到教师考虑范围之列内。这种分组方式很容易导致合作小组人员搭配不合理，无法使不同特质、不同层次的学生进行优化组合、优势互补、相互促进，也就无法实现真正意义上的合作学习。

第三，合作学习内容、任务浅显，缺少合作价值。

首先，在合作学习中合作学习任务浅显。合作探讨、思考价值不大或根本没有合作学习的必要，仅靠学生个体自主学习即可解决，合作学习显得多余、牵强。使得学生丧失学习兴趣，浪费宝贵的课堂教学时间。其次，合作学习中教师指导不得法。教师不能有效把握指导时机，或盲目干涉学生合作交流活动，打断学生思维；或对学生的合作学习活动欠缺合理引导，使学生合作效率不高，合作学习流于形式或指导越位。

第二节　新课程背景下合作学习法的实施

一、实施的必要性与可行性

任何教学方法或学习方法的有效性都是相对的、有条件的。合作学习法本身的优势和局限决定了我们在新课程改革中要采用合作学习，必须从必要性和可行性两方面进行客观的分析，从而做到扬长避短，事半功倍。

（一）合作学习的必要性

1. 师生之间需要合作学习。教师与学生的关系不是上级与下级、命令与执行的关系，而是相互尊重、相互合作的关系，这样能使学生感受到学习的乐趣，获得学习的动力。合作教育学认为，师生合作是学校人际中最基本的方面。排除强制手段的师生尊重与合作是合作教育的核心。

2. 学生之间需要合作学习。合作学习主要是以生生互动合作为教学活动取向的。学生不再是被动的接受者，而是积极主动的参与者。合作学习使学生回归到学习的主体地位，承担学习的责任，组成学习共同体，发掘同伴资源，提高学习效率。实践证明，交流、合作、分享的学习方式创造了 $1+1>2$ 的整体优势。

3. 教师之间需要合作学习。合作学习的外延可以扩展到师师合作。传统教学虽然也时有教师集体备课的活动，但是大多数情况还是教师各自为政，缺乏交流。合作学习提倡两位或多位教师同时在课堂上协作授课。教师之间资源共享，互相补充，不仅对教师的专业发展有利，更使学生开阔视野，从中受益。教师之间的合作发挥了集体智慧的合力，是针对保守教学思想的一次创新。

4. 新课程改革需要合作学习。合作学习虽然自上世纪80年代就被介绍到我国，但真正得到重视和推广是在新课程改革启动之后。合作学习是国家基础教育课程改革所提倡的新型学习方式之一，也是新课程的一个亮点。将合作的观念引入教育系统，不仅是出于提高学生学业成绩的考虑，还旨在培养具有合作意识和交际能力的人才。新课程背景下的合作学习是顺应时代潮流、全面提高人的素质的重大课题。

（二）合作学习的可行性要求

第一，合作学习需要本土化。合作学习发源于美国，后得到世界许多国家和地区的认可。当前，在我国新课程改革的有利环境、背景下，合作学习法不能被简单地照搬照用，应该洋为中用，创新吸收，使合作学习成为我国新课改中富有生命力的积极要素，实现合作学习理论的本土化。

第二，合作学习需要教师素养的提高。合作学习提倡教师当好"导演"，学生做好"演员"。一部戏的成败很大程度上取决于导演的素质和能力。合作学习过程虽然以学生为中心，但教师的组织者、指导者、评价者的角色至关重要。如果教师缺乏一定的合作能力和技巧，那么开展合作学习的效果就将大打折扣。因此，加强教师的职业培训、提高教师专业素养是提高合作学习得以有效实施的必然要求。

第三，合作学习需要解决大班额难题。在国外，合作学习实施的基本保障是班级人数控制在20-30人左右，合作小组组员数保持3-4人，便于学生充分参与，小组数量在5-6个，便于教师整体控制。然而，在我国中小学大班额是普遍现象，落后的教学设备、拥挤的教室，很大程度上限制了合作学习的开展。不过也正因为班额太大，教师照顾不到每个学生，开展小组合作才为学生的个性发挥和集体合作创造了条件。我国中小学教师可以根据班级实际情况，在桌位布置、就近分组、拓展课外合作等方面做些灵活应变，化解不利因素，以解决大班额中实施合作教学的难题。

二、实施的基本步骤

1. 明确主题，做好准备。准备工作可以包括主题任务设计、学生预习、教师讲授、主题引入等。

2. 确定小组，分配任务。按照"组内异质，组间同质"的原则进行合理分组，选举组长。分组之后，按照学生的性格特点和特长，分配角色，把责任落实到个人。

3. 参与合作，完成任务。个人独立思考与集体商讨相结合，组内合作与组间竞争相结合，激励成员的主动性和积极性。教师巡视全场，提供指导，协调进度。

4. 自测反馈，总结评价。根据学习目标，提前设计覆盖本节知识点的测验题，检验学习效果。将自我评价、小组评价和教师评价相结合。

案例一　班会《建立和发展真挚的同学友谊》活动设计

一、创设教学情境，引入活动内容。

（1）歌曲导入：多媒体播放背景音乐《找朋友》。

（2）引入教学主题：师生对答——什么是真挚的同学友谊。

提出问题——如何建立和发展真挚的同学友谊。

二、成立小组，开展《厨艺大比拼》活动。

（1）教师交代小组分配方案，学生通过民主选举快速确立自己的小组长。

A. 以8人为一组，全班分为6个小组。

B. 布置调制友谊大餐活动任务。要求每组确定一道菜名和相应的主料、配料、调料。

C. 教师交代小组组长及小组成员的职责，通过小组成员讨论调制友谊大餐。

（2）分工协作，调制友谊大餐。

A. 小组组长分配组员任务，明确各成员具体合作任务。

B. 组员分别结合书本的相关知识点配制菜料。

C. 教师提供参考菜名：金玉良言、纯真诺言、待人真诚、尽心相助等。

D. 组长协调组内成员工作，并负责内容的整理和归纳。

E. 教师全场巡视，根据实际情况融入到小组活动中作相应的指导。

（3）学生交流友谊菜名并相互提问、小品表演，教师点评。

A. 各小组介绍本组菜名、主料、配料、调料，并由相关成员（小组组长或组员）进行解说。

B. 教师引导其他同学在听取的同时，进行相应的提问、评析。

C. 学生小品表演：《江湖义气与真挚友谊》。

D. 教师进行总评和归纳。

（4）在音乐《友谊地久天长》中师生完成课堂评价。

A. 教师让小组长对组内学生表现打分，学生自行填写课堂形成性评估表格。

B. 让听课教师对学生课堂活动表现进行评价。

（案例引自李志厚 . 变革课堂教学方式－建构主义学习理论及其在教学中的应用 [M]. 广州：广东教育出版社，2010.）

本案例中，"创设教学情境，引入活动内容"是引入主题的准备阶段。"教师交代小组分配方案，学生通过民主选举快速确立自己的小组长"是确定小组、分配任务阶段。"学生交流友谊菜名并相互提问、小品表演，教师点评"是学生参与合作、完成任务阶段。最后，以音乐为背景，在轻松愉快的气氛下完成自我评价、组内评价和教师评价。

三、实施的注意事项

第一，避免合作学习形式单一化。合作学习虽然以小组学习为基本形式，但并不是说把学生分成小组就是合作学习。合作学习包括师生互动、生生互动、师师互动、全员互动等多个种类。强调教学动态因素（主要指教师或教师群体，学生或学生群体）之间的合作性互动是合作学习所具有的重要特征之一。[1] 如果把合作学习理解为单一的分组形式，例如长期采取分配任务让同桌或前后桌讨论的形式，是不能充分调动教学动态因素的积极性的，也将导致学生厌烦和抵触情绪，学习效率下降。合作学习的倡导者认为，只有愿意学，才能学得好。要提高学习效率，必须

---

[1] 王坦. 合作学习——原理与策略[M]. 北京：学苑出版社，2001：12.

首先引起学生的学习兴趣，要避免合作学习形式单一化，要实现合作学习形式的多样化。可以在分组的方式上做些变动，还可以采用竞赛、辩论、调查、采访、表演等多种活动形式，借助现代教育设施，如视频、录音、幻灯片等展示学习成果。

第二，避免合作学习形式化。小组合作学习是新课程倡导的富有创意和实效的学习方式之一。所以，小组合作的形式成了教师公开课的首选形式。然而在实际教学过程中问题还是存在的，如教师没有时间精力做充分准备，小组中的优势学生独当一面，其他学生无所事事，学困生因思考时间不够跟不上，个别学生借小组逃避学习责任等。只注重表面形式的合作是假合作，个别学生的夸夸其谈的热闹场面是假活跃。只走基本程序的过场而缺乏内在机制和要素的研究，这种合作学习的形式只能导致表面的合作形式、负面的学习效果。因此，教师要让合作学习法真正为教学服务，而不是作秀的手段。在组织合作学习时，分组虽然要注意异质，但要保持差异中的平衡。建议不妨偶尔有意安排性格内向或成绩稍差的学生做组长或发言人，给组内弱势成员更多的表现机会，从而避免优生独揽工作、独霸发言权、而其他学生消极依赖的现象。这样做可能会影响合作的效果，但对于这些"弱势"的学生来说，老师的信任和承担责任的机会，更有可能的是增强他们的自信，甚至改变他们一生的学习态度和学习风格。所以，合作学习中教师对学生的了解和关怀，是避免合作学习形式化的重要方面。

第三，正确处理组内和组间的合作与竞争。只有合作，没有竞争，学习活动会失去动力。只有竞争，没有合作，学生孤军奋战、一盘散沙。学习中的合作与竞争是相辅相成、缺一不可的。一般情况下人们认为，组内要注重合作，组间要开展竞争。其实，组内和组间都要适当创造合作和竞争的气氛。组内缺乏竞争意识，会导致个别责任感不强的人过度依赖他人、坐享其成；组间缺乏合作交流，则容易产生狭隘的团体主义倾向，引起恶意对抗。所以，教师要正确处理组内和组间的合作与竞争，实现组内和组间的良性互动，在处理好两对矛盾的基础上推进教学过程的顺利开展。

第四，培养学生合作的技能。对于没有合作学习经验的课堂来说，秩序混乱、费时低效是最大的问题，但这不能归咎于新的学习方式。教师要在日常教学中向学生渗透合作学习的技能。合作技能的培养既是合作学习的目标也是手段。至于合作技能的内容，当代教学设计专家罗米索斯基提出人际交互技能的七个方面：态度与情感、寻求与提供信息、提议、支持与扩充、引导和阻止、异议、概括。[1]另有研究机构总结合作技能表，包括组成小组的技能、小组活动的技能、交流思想的技能，指出："教授技能的最佳时机是需要这些技能的时候。此外，最好先教较容易的技能。技能是否适当和可行因文化背景而异。"[2]对于分组的形式方面，一般来讲，在开始阶段，小组的规模可以小一点，使学生难以逃避责任，使教师容易发现学生的学习困难。学生掌握了合作技巧后，可以逐渐扩大组的人数，但人数过多会减少学生互动的机会。总的来说，教师要根据教学需要灵活确定组的规模，对学生逐步进行合作技能的培养和训练。

第三节 新课程背景下合作学习法的案例实录与评析

合作学习是新课程理念下一种重要的学习方式，但在组织合作学习之前，教师首先要想一想课程内容是否适合采取合作学习的形式？学生是否掌握了合作技能？怎样设计合作流程……

实例一 英语教学中的合作学习

语言点：过去进行时

任务设计意图：此任务着重培养学生通过合作运用语言知识的能力。

教具：多媒体课件，有关四位明星（周杰伦、姚明、周笔畅、the twins）的信

[1] 王坦.合作学习——原理与策略[M].北京：学苑出版社，2001：129.

[2] [美]乔治·雅各布斯等著，林立、马容等译.共同学习的原理与技巧[M].北京：中央民族大学出版社，1998：89-90.

息图和表格。

实施过程：把全班学生分成4个A、B组，把准备好的材料分发给各组学生，用英语向学生说明完成这个任务的过程。

T：Class，now you've got a piece of paper. There is some information of some famous stars. Student A，you've got a form on your paper. Student B，you've got what the star was doing at the time. Student A will ask Student B what the star was doing at that time and write the answers in your form. Student B will answer Student A according to the information on your paper，and then ask Student A the same question "What were you doing at that time?" and write the answer on your paper. After you finish the task，I'll ask you to the front to share your information. Remember，you mustn't look at the other's paper! Understand?

All Ss：Yes!

T：Let's go!

学生开始两两交流，各组的学生A问学生B自己所需明星的资料。例如学生A问学生B："What was Yao Ming doing at 7：00 yesterday?"学生B根据自己资料上的图片和文字信息告诉学生A："He was doing exercise at that time."学生A把问到的信息写在自己的空格内。然后学生B问学生A："What were you doing at that time?"学生A根据实际情况回答："I was sleeping at that time."学生B把得到的信息写在自己的空格内。按这个步骤学生完成另外两个空格。搜集完各自所需信息之后，学生开始准备自己的报道。学生A把自己和明星比较做出报道，学生B把搭档学生A跟明星比较做出报道。

学生活动过程进行大约5分钟，完成任务后我邀请调查不同明星的每个小组中的其中一个学生上台跟全班分享他的调查结果。在学生报道的同时我用课件向全班展示他所报道的明星在那个时候正在做的事情的图片，以至于全班同学不仅了解到自己调查的明星的信息，还了解到其他组调查的明星的信息。

T：Have you finished you task？

All Ss：Yes.

T: Well, I'd like you to share your report. First, which groups have got information about Jay?（调查 Jay 的学生有几个举手）welcome!

SA1: Jay was having a rest at 9:00 this Monday and I was having a class at that time. Jay was playing basketball at 16:00 this Monday and I was playing basketball at that time, too. Jay was giving a concert at 19:00 this Monday and I was doing my homework at that time.

第一个上来的学生说得不是很顺利，我在旁边适当地引导一下，他便很快清楚该怎么对比着说了。接下来几个学生也都很清楚怎样表达，完成得很好。

SB2: Yao Ming was doing exercise at 7:00 last Sunday, and SA was sleeping at that time. Yao Ming was meeting at 10:00 last Sunday, and SA was playing computer games at that time. Yao Ming was playing in a match at 16:00 last Sunday, and SA was doing her homework at that time.

SB3: Zhou Bichang was making a film at 14:00 last Saturday, and SA was having a rest at that time. Zhou Bichang was meeting the fans at 17:00 last Saturday, and SA was having supper with his family. Zhou Bichang was having a concert at 22:00 last Saturday, and SA was watching TV at that time.

SA4: The twins were doing sports at 10:00 yesterday, and I was having a class. The twins were giving a concert at 20:00 yesterday, and I was doing my homework. The twins were making a film at 24:00 on May 24th, and I was sleeping.

四组学生向全班分享了他们获得的信息后，我做了个总结，同时进行了我们大家都该努力学习和工作的情感教育。

T: From the information, do you think the stars are very busy?

All Ss: Yes.

T: Do they work hard?

All Ss: Yes, they do.

T: So everyone of us should work hard, too. Do you think so?

All Ss: Yes, we think so.

（资料来源：http://train.teacherclub.com.cn/dts/blog/blog-study!show.action?id=400157&trainingid=113&owner=1237187）

这是一堂经过反复实践摸索而获得成功的教学案例。教师在失败中吸取经验教训，终于使合作学习取得了满意的效果。可见有效的合作学习不是一朝一夕就能形成的。教师在教学中不断反思，不断总结经验。这里，还有两点值得一提。其一，所选择的教学内容适合组织合作学习。英语是一门以语言为学习对象的课程。语言作为交流的工具，必然要在群体交往中体现作用，操练和应用是必要的学习活动。成对搭档练习、群体合作演绎、分组交流讨论等合作学习形式已经成为英语课堂上的常态活动。英语课堂教学中"合作学习"必不可少。"合作学习"对于提高学生英语交流能力、用英语解决实际问题的能力有着非常重要的作用。其二，要成功开展合作学习必须向学生渗透合作技能。案例中，教师第一次实践失败和第二次实践的不顺利，除了教师本身的原因，也不能排除学生缺乏合作经验和合作技能的原因。合作意识与合作技能的培养是日积月累的结果，师生之间、学生之间的默契也是逐渐形成的。其三，信息差任务是教学设计中的亮点。信息差使合作交流有了驱动力。另外，教师在整个教学流程中起到了辅助指导的作用，在小组合作和成果展示阶段，适当指点，帮组学生顺利完成任务。

实例二 《将相和》语文合作学习

浙江省海宁市紫微小学 张云峰

一、创设情境

师：同学们，看过电影大片吗？想当回导演导一部电影吗？今天咱们都来当一回导演，导一部历史大片，知道片名吗？（揭题：完璧归赵）谁知道剧本在哪儿？对，就是课文的第一个小故事。

二、合作学习

合作准备：

1. 学生熟悉剧本。

2. 师：分析了剧本，你觉得一个人完成人物有困难吗？（大部分学生回答：

有！）那么你们觉得有实力的自编自导，有困难的找人合作，当然剧组的人数由你们自己定。

3. 学生自由组合。（有三组两人的，有一组六人的，其余都是四人的。）

4. 师：好了，我们剧组成立，可以开拍了。我看你们这样兴奋，心也有点痒痒的，我就当回总导演吧！今天你们轮流当导演，轮流当演员，总导演会安排你们拍四个场景，你们在每个场景的拍摄中轮流变换角色，明白吗？（生：明白！）

场景一：接到秦国的信，赵王和大臣们议论开了……

（1）学生自由制定第一轮导演，展开合作学习。

（2）老师巡视各小组，引导个别小组开展合作学习。

（3）汇报交流，表演对话。

（有一个小组由于导演对要求理解不透，把整个故事演完了，效果不佳。）

（4）师生评价。

（5）师：看来个别导演调控出了问题，导致演出效果不理想。看来当导演的一定要调控好。我建议：整个剧组应通力合作，帮导演出主意。

场景二：蔺相如决定赴秦国完成此重任，在大殿上陈词。

（1）小剧组准备，导演换第二个同学，在前一次基础上改进合作方法。

（2）小组汇报。（抽不同的组）

①向全班交流表演内容，主要是说清本小组是怎样表演陈词的。

②表演：（以两人合作表演居多，一人旁白，一人演蔺相如。）

③评价：（师：告诉大家，你们感受到的是一个怎样的蔺相如？）

④随机指导朗读蔺相如的语言，让每个人都尝试演一演蔺相如。

场景三：蔺相如来到秦国，与秦王据理力争……

（1）师：总导演有话讲，这儿的对话主要有三处，有能力的剧组演三组对话，有困难的完成两组或一组对话。

（2）自由准备。

（3）交流。（抽剩余的小组）

①讲述小组中导演的安排统筹过程。如一小组导演介绍他们的合作过程：

A．熟悉剧本。

B．确定演员及分工。

C．组内交流。

D．排练，加进自己的语言。

②表演。

③评价。

（老师着重问学生：你们这一回又看到了一个怎样的蔺相如？让学生着重谈其他组合作效果如何，合作的亮点在什么地方。）

④老师小结：

看来，表演时可以加进自己的语言。这其实就是你们对剧本各自不同的理解和感受。这也是我们合作表演的另一种方法。

场景四：蔺相如完璧归赵，回到赵国，赵王和大臣们又议论开了……

（1）师：时间关系，这一场景留给大家一起合作完成，马上思考，马上演。

（2）表演。

（学生纷纷举手，一一表演带有个性的人物。而众人的表演又恰恰形成了一幅君臣谈笑风生般的历史画面。）

三、作业

请你写出人物评析。

蔺相如：_____

秦王：_____

赵王：_____

（资料来源：余文森、林高明．经典教学法 50 例 [M]．福州：海峡教育出版社，2010.）

这是一节富有创意的语文合作学习课。很多学者都曾把合作学习中的教师比作导演，学生比作演员。在此课中，教师充分调动教学动态因素，充分利用现有的教学资源，最大程度地发挥了合作学习的效能。现成的课文充当剧本，需要学生认真研读体会；教师作为总导演参与其中，负责控制全局，调节进度，总结评价；

学生合作参演，积极发挥各自才能；四个场景的设置，既有序又灵活，既有组内合作又有组间交流。表演课文的创意发扬了快乐学习的精神，身临其境的演绎和反思是体验学习的宗旨，自由成组、轮流转换角色的安排体现了民主平等的意识，允许加进自己的语言及布置历史人物评析的作业为发挥学生的个性和创造性提供了平台。

【相关链接】

1.王坦．合作学习——原理与策略[M].北京：学苑出版社，2001.

2.王坦．合作教学导论[M].济南：山东教育出版社，2007.

3.王坦．合作学习的理念与实践[M].北京：中国人事出版社，2002.

4.伍新春等著．合作学习与课堂教学[M].北京：人民教育出版社，2010.

5.盛群力、郑淑贞．合作学习设计[M].杭州：浙江教育出版社，2006.

6.[美]Johnson, P., Johnson, R., Holubec, E. 著，粟芳、[美]Tjosvold, D.W. 译．合作性学习ABC[M].上海：上海科学普及出版社，2006.

7.马兰．合作学习[M].北京：高等教育出版社，2005.

8.[美]雅各布等著，杨宁、卢杨译．教学模式与方法系列：合作学习的教师指南[M].北京：中国轻工业出版社，2005.

9.曾琦．素质教育丛书：学会合作——青少年合作学习指南[M].北京：中央编译出版社，2004.

【要点回顾】

合作学习是以教师为主导，学生为主体，以合作学习小组为基本教学组织形式，小组总体成绩为评价和奖励依据，通过学习者之间的合作互助活动，利用教学动态因素之间的互动，促进学生认知活动的完成，实现既定教学目标的教学策略或学习方式。合作学习可以充分体现教学活动中学生主体作用和教师主导地位。在开放的课堂教学中，学生可以进行生成性学习，学习效率较高。结合世界上许多国家和地区对合作学习的研究与实践，合作学习可以具体分为师生互动型合作学习、师师互动型合作学习、生生互动型合作学习和全员互动型合作学习。合作学习有诸多方面的优势：有利于培养学生的合作意识和集体观念；面向全体学生，重视学生的全面发展；有助于促进学生主体性的发展和社会化程度的提高；有利于培养学生的创新能力和多渠道获取信息的能力。但是在实际教学中，由于教师对合作学习缺乏正确认识、学生欠缺合作意识等多方面原因，合作学习在具体实施中易出现学生参与机会不均等，合作学习小组分组不科学，合作学习内容、任务浅显等问题。合作学习法的具体实施步骤：(1) 明确主题，做好准备。(2) 确定小组，分配任务。(3) 参与合作，完成任务。(4) 自测反馈，总结评价。在实施过程中还要注意几个问题，即避免合作学习形式单一化、形式化，要正确处理组内和组间的合作与竞争，注意培养学生的合作技能等。

【思考题】

1. 名词解释：合作学习、师生互动合作学习、师师互动型合作学习、生生互动型合作学习、全员互动型合作学习

2. 合作学习有哪些基本特点？

3. 我国实行合作学习有哪些有利条件和障碍？

4. 请举例说明什么情况下适合组织合作学习？

5. 有人认为合作学习就是分组——布置学习任务——小组汇报——总结，这样一套程序，你同意吗？为什么？

第十章 基于新课程的探究学习法

 案例导入

水在加热过程中温度变化规律的探究

小学四年级自然课。每四人一小组坐在实验桌前，每桌上有烧杯、温度计、计时表、酒精灯、三角架和加热垫各一个，印有空白表格的纸、印有空白二维坐标系的纸各一张。

教师：（打开自然教室前面的水龙头，用玻璃杯接了一杯水）同学们，玻璃杯中装的是什么？

学生：水。

教师：很好。今天我们这节课要研究的问题就是水在加热过程中温度变化的规律。

教师：接下来，就请同学们来研究一下，水在加热过程中温度变化有什么规律。首先，我要问问大家，用什么测量水的温度呀？

学生：温度计。

教师：对，用温度计。现在，我们就用温度计来测一测在加热过程中，水的温度是怎样变化的。温度计的使用有几条注意事项，同学们回忆一下。（略）

教师：接下来老师要请每个小组都来探究一下。酒精灯的使用规范我们也已经学过，同学一定要注意。我先讲一下探究的过程、方法及注意事项。第一，测量时每隔5分钟记录一次。第二，把测量的数据填在空白表格内（教师展示了一下）。第三，根据表格中的数据，在二维表格（教师展示此表）中标出相应的点。比如，5分钟时测到30℃，那么这个点就画在这儿（教师示范）。第四，把点连成线，并

总结一下温度的变化规律,水温的升高是先快后慢,还是先慢后快。第五,把结论填在二维表格下的横线上。好,现在各小组清点实验器材,开始准备实验。注意,请严格按照老师规定的步骤和要求来开展探究活动!

学生开始按照教师的要求操作实验。教师巡视,发现与刚才要求不一致、不规范的地方就指出来,要求学生改正。学生经过实验,数据分析,得出了结论。

(资料节选自:任长松.探究式学习——学生知识的自主建构 [M].北京:教学科学出版社,2005:2.)

这节小学自然课上关于"水在加热过程中温度变化规律",教师不是直接告诉给学生,而是由学生通过小组实验、观察和分析总结得出。但是在实验中,老师要求学生必须按照教师的要求来进行操作实验,虽然实验顺利完成,但是这种教师控制性较强的探究活动,在调动学生积极性和主动性方面的作用是十分有限的。可以说,该教师只是抓住了探究的形式和外壳,而并没有深刻理解探究的本质和核心。本章将对新课程背景下探究式学习进行深入研究和探讨。

第一节 探究学习法概述

探究学习(inquiry learning)作为美国 20 世纪 50 年代"教育现代化"运动的产物,其概念最早由芝加哥大学教育家施瓦布提出。他强调学生的学习过程与科学探究活动相类似,都遵循提出问题、分析问题、解决问题的模式。其实,关于探究学习,我国古代《论语》中就有"学而不思则罔,思而不学则殆"、"敏而好学,不耻下问"、"不愤不启,不悱不发"等启发学生独立思考、大胆质疑的教诲。《孟子·尽心下》中也有"尽信书,则不如无书"的论断。我国的探究学习最早始于上世纪 90 年代末,主要以基础教育课程改革为主要载体。作为区别于传统学习的学习方式,探究学习强调学生学习主体性,倡导学生独立思考能力的培养,正逐步受到教育界的关注。

一、概念界定

由于研究者的研究视角不同,探究学习的概念被赋予了不同的内容。

探究学习的主要倡导者施瓦布将探究学习的概念定义为:"探究学习是指这样一种学习活动:儿童通过自主地参与知识的获得过程,掌握研究自然所必需的探究能力；同时，形成认识自然的基础——科学概念；进而培养探索世界的积极态度。"[1]

我国著名教育家钟启泉教授认为："探究学习的产生和发展具有深厚的理论基础。它是指从学科领域或现实生活中选择和确定研究主题，在教学中创设一种类似于学术（或科学）研究的情境，通过学生自主独立地发现问题、实验、操作、调查、搜集与处理信息、表达与交流等探索活动，获得知识、技能、情感与态度的发展，特别是探索精神和创新能力的发展的学习方式和学习过程。"[2]

西南大学教育学院教授、博士生导师徐学福在《探究学习教学策略》一书中将探究学习定义为："探究学习是为了达到一定的教学目标，在教师的指导下学生自主建构知识、经验的活动或过程。"[3]

尽管中外学者给出的定义种种，探究学习的实质是学生知识的自主建构。在实际教学活动中，由于教学目的、师生素质、学校文化氛围等诸因素的影响，探究学习的操作手段、实现途径等也复杂多样。因此，对于探究学习概念的界定也具有描述性与开放性的特点。总的来说，探究学习是以培养学生探索发现的科学研究素质为本，学生在教师积极合理的指导下，以问题为导向，通过各种形式完成认知、实现个体全面发展、提升科学素养、掌握科学研究方式所进行的学习活动。

二、基本特点

（一）问题性

学生围绕科学型问题从事探究学习活动，能够培养提出问题、分析问题、解决问题的能力以及针对问题提出假设、寻求解题策略等科学的思维方式。探究学习的问题性就在于以问题为学习活动的载体，围绕问题的呈现、分析、解决等组织学生进行科学探究活动，从而激发学生的探究精神和求知欲。教师根据教学实际指导学生确定探究问题，帮助学生在探究学习过程中形成积极、主动、怀疑、探究的心理状态，养成敏锐的洞察力和主动探究的意识和习惯。

（二）开放性

传统的接受式学习是封闭型、规定性的学习模式，学习目标单一化，学习过程程序化，评价手段标准化。而探究学习是一种描述性、开放性的学习方式，学

[1] 钟启泉.现代教学论发展[M].北京：教育科学出版社，1988：363.

[2] 钟启泉.基础教育课程改革纲要(试行)解读[M].上海：华东师范大学出版社,2001.

[3] 徐学福.探究学习教学策略[M].北京：北京师范大学出版社，2010：2.

习目标综合化，学习过程个性化，评价标准多元化。一方面，探究学习主张建立民主、和谐的探究学习氛围，关注学生的学习过程，在自主建构知识的同时实现深层次的情感体验，发展科学思维能力，多角度、全方位完成教育教学目标总体要求。另一方面，与其他认知方式不同，探究学习仿照科学研究的过程学习学科知识，其开放性在于强调学生个体化的学习过程，提倡对所学问题加以科学研究式的分析、综合、对比、抽象和概括，对所接触观点加以探讨、辩论和探索，充分发挥学生的个性和自主性。

（三）过程性

探究学习的过程性是指学生的探究活动是一个研究、学习、实践的过程，也是学生思维方式的活动过程。探究学习通常围绕有探究价值的学科问题展开学习活动。学生根据相关资料和证据，自主地将新问题与已有知识经验相联系，经过一系列的质疑、判断、分析、综合、辩证等活动，得出结论。这个过程的目的并不仅是得出结果、解决问题，而是形成探究能力和科学素养的重要环节。

（四）科学性

探究学习模式是从现代科学研究中产生和发展起来的，不仅要求学生掌握基本的科学研究方法、技巧，还要求学生形成正确的科学研究态度与精神。探究学习实际上是对科学探究近似的模仿，通过对课堂教学活动的设计，为学生创建探究机会，鼓励学生将个体的认知经验有效地协调起来融入逻辑系统，从而完成对科学概念与原理的掌握。

（五）实践性

接受式学习往往注重课堂教学中知识的传输，过于关注学习结果而忽视了学习过程。这种过分强调书本知识的学习也在一定程度上割裂了学生理论与实践的关系，是导致学生综合素质欠缺、高分低能的症结所在。探究学习有助于学生探究精神与问题意识的培养，使学生主动参与学习过程，获取新知。从某种意义上讲，探究学习能够促使学生充分调动其个体已有认知经验，启发学生思考、探究思维，实现理性认识与感性认识、理论与实践相结合，使教学任务更有利于激发学生的内在学习动机，实现教育最终促进学生全面发展的根本理念。

（六）互动性与灵活性

探究学习是一个多向互动的学习过程，一方面是学习主体和学习客体之间的交互作用，学生通过活动来获取知识，培养能力；另一方面是教师和学生、学生和学生之间的交流与合作。同时，其学习的形式也是多种多样的，教师和学生可以根据交流和合作的实际情况来选择灵活的方式进行探究学习。

三、主要方式

（一）按不同表现形式，分为课题研究式探究和综合课程中的探究

（1）课题研究式探究

这种类型的探究式教学主要是以一个或多个研究课题为中心，展开调查、实验、查找资料、讨论等活动。其探究学习方式往往以个人、小组和班级研究相结合的方式，遵循科学研究的基本程序：形成问题提出假设、制定研究方案、实施方案、得出结论，最终解决问题、获取新识、完成认知。

（2）综合课程中的探究

综合课程是指在我国基础教育阶段中小学所开设的自然、科学、社会等课程。综合课程探究即围绕相应的研究课题或研究性作业组织开展的探究式教学活动。

（二）按教师或学习材料指导的程度和学生自主探究的程度不同，分为定向探究和自由探究

（1）定向探究

定向探究，顾名思义是指学生进行的探究学习活动，有规定的目标与方向。定向探究活动往往是在教师的指导与引领下完成的，遵循一定的研究程序，按照事先设定好的研究方案实行。

（2）自由探究

自由探究是相对于定向探究而言，学生拥有较多的自主权，充分发挥探究学习的主体作用。探究活动的程序根据实际情况而定，具有一定的灵活性。

（三）按所采用基本方法的不同，分为提问探究、讨论探究、实验探究和演示探究

（1）提问探究

在新课程改革的时代背景下，教师已经不再是单纯的传递知识的教书匠。探究学习方式要求教师运用提问策略，鼓励学生理解并运用已有知识积极思考、探究，解决问题，提升探究意识和能力。

（2）讨论探究

讨论探究是指在教师的组织和指导下，学生以小组或全班讨论的形式围绕一定的问题情境提出问题、研究问题、相互交流合作解决问题的学习形式。学生

在课堂讨论中，通过围绕某个主题进行研究、思考，在学习过程中逐渐掌握科学的思维方式，逐步提高发现问题、研究问题和解决问题的意识和能力。

（3）实验探究

实验探究是教师指导学生通过实验的方法，围绕某一个或几个问题开展探究学习活动，以帮助学生通过问题的解决，理解科学概念或原理，掌握基本知识与技能。另外，实验探究学习方式还能提高学生的动手能力，使学生的理论知识与实践操作相结合，突出学生学习的主体性，易于激发学生的学习兴趣和探究热情。

（4）演示探究

演示探究是指教师在课堂上通过展示实物、模型、图片等感性材料，或通过示范性的操作实验和电教手段，指导学生进行探究学习活动，进而获得知识的一种教学方法。演示教学所具有的直观性，能够使学生明确演示目的，并结合自己已有的认识经验展开积极的探究式学习活动，促进观察能力、思维能力以及想象创造能力的发展。

四、优势与局限性

探究学习注重学生科学探究精神和创新意识的培养，这不仅符合当前教育改革要求，也顺应了 21 世纪知识经济时代对合格人才的需求。全面了解、积极运用探究学习对于我国全面实施素质教育、提高人才培养规格以及推进科教兴国战略都有重要意义。

这里以一则探究学习案例来具体介绍其主要优势。

案例一　初中三年级的一堂环保课

这堂课的话题是这样开始的：老师先是问同学们：我们居住的区域有什么污染的问题吗？老师发现同学们反映最强烈的问题集中在本区河流的污染问题上。老师就提议先从本区河流污染着手来研究一下水污染的指标。于是同学们分头到图书馆、互联网上去查找资料，获得了水污染的各项指标；然后分组取来水样进行物理的、化学的、生物学的化验，这过程中自然免不了及时学习补充以前没有学习过的知识和化验的技术；然后分别写出报告。他们发现，有多项指标超出了正常标准，严重的超过几十甚至几百倍，深深感受到污染问题的严重性；然后再分组去了解污染源，发现了多家排放污染物的工厂、宾馆以及城市生活排放水的问题；然后，他们进行了一次热烈的讨论，为治理本区河流的污染献计献策；最后，老师组织同学们把他们研究的成果写成报告，并提出了治理本区河流污染的建议送给了区政府和市政府，受到了政府和社会舆论的高度赞扬。

（资料来源：http://bbs.jxjyzy.com/showtopic-129585.aspx）

这堂环保课中，教师提出的课题与学生生活息息相关，也是社会上广泛关注的问题。教师不给答案，学生走出课堂，调动各种资源进行自主探究。最后教师帮助学生写成报告送交到政府。这个过程对于培养创新型人才、转变教师的教学观念、建立民主平等的新型师生关系、促进学生学习方式的转变和综合素质的培养以及树立社会责任心和使命感都有积极的意义。

新课程改革所倡导的探究学习作为一种新的学习方式，为教育教学改革注入了新的活力，是针对传统学习方式所进行的富有意义的深刻变革。随着新课程改革的不断推进与深化，在实际教学活动中探究学习也面临着一些问题与困难。其一是，探究学习如果实施不当，会导致泛化、僵化、庸俗化；其二，目前实施的探究学习多数是验证性探究，没有达到探究的实质；其三，探究学习对教师的要求比较高，教师不容易把握指导的程度、探究活动设计的难度以及模拟科学探究的精度。另外，探究学习耗时耗力，实施起来师生都觉得负担较重。针对探究学习局限性的对策，本章将在注意事项中详述。

第二节 新课程背景下探究学习法的实施

一、实施的必要性与可行性

从人的本性、时代发展的要求、全民素质和信息技术条件等方面看，探究学习的实施有着充分的必要性和可行性。

第一，探究学习符合儿童的探索天性。苏霍姆林斯基说过："人的内心深处有一种根深蒂固的需求——总感到自己是一个发现者、研究者、探索者。在儿童精神世界里，这种需求特别强烈。"好奇心是人类固有的本性，是儿童的天性。这种探究天性是宝贵的教育资源，是科学探究的精神动力。要把这种自发的探究天性转化为自觉的科学探究活动，必须发挥教育的作用。少年儿童正处于好奇好问、乐于探索的黄金时期，如果没有得到适当的教育引导，儿童探究的热情和潜力就会被压制下去。探究学习满足了学生的求知欲和好奇心，获得了有关自己和世界的知识。探究过程中，学生需要综合运用已有的知识和经验，在新的探究环境中获得新的理解,不仅锻炼了思维能力和动手能力,还掌握了与他人沟通合作的技能。

第二,探究学习是时代发展的要求。在知识经济时代,随着科学技术的不断进步,人们对科学的本质认识不断深化。把科学知识看作是一层不变的理论知识传授给学生的教学观已经落后于时代的要求。日新月异的科技发展,新兴学科的不断涌现,新旧知识不断更新,使人们认识到科学发现是一个永无止境的探究过程。知识经济时代不仅要求人们具备学习知识的能力,还要有知识创新的能力。学校教育不能仅关注学生短期的学业进步,而要放眼学生未来潜能的开发,自主探究能力、终身学习能力的培养等。因此,培养具有探究学习能力的人才是时代对科学教育的要求。

第三,探究学习是提高全民素质的要求。当前,科学技术在社会中所起的作用越发重要,人们普遍认识到科学教育的目的不在于培养少数科技精英,而在于把学生培养成具有一定科学知识、科学技能、科学态度和科学精神的公民。学校教育由精英教育转向大众教育,并不是让大众达到普遍的低标准,而是要把高质量的教育惠及大众。从文化继承的角度来看,探究学习是使学生内化人类文明成果、形成科学的思维方式和价值观念的重要途径。探究学习是时代精神的反映,是以培养创新精神和实践能力为核心的素质教育的必然要求。总之,在我国基础教育中开展探究学习是提高全民科学素养的需要。

第四,信息技术的发展为探究学习提供条件。计算机网络的广泛应用使知识和信息的来源多元化,知识的搜集、分享和交流便利化。教师、课本和学校已不是学生获得知识的唯一来源。知识信息渠道的开放使学生能够便利地检验各种观点、假设等,从而养成不唯书、不唯上的批评精神以及尊重事实、讲求证据的科学态度。由此,知识记忆的重要性下降,而知识的学习过程越来越得到重视。

二、实施的基本步骤

探究学习的基本框架包括四个步骤:

(1)创设问题情境。创设情境,调动学生原有的知识和经验,提出问题或引导学生提出问题,搭建探究平台。

(2)进行探究实践。这阶段包括根据问题提出假设、收集资料、开展实验、分析数据等活动。

(3)交流展示结果。初步研究成果在小组内、同学间交流讨论,最终成果可以形成书面或口头报告,或以辩论会、研讨会、展板等形式交流展示。

(4)评价拓展反思。评价要兼顾探究的过程和结果,拓展应用探究成果,通过反思获得探究技能。

案例二　小学四年级自然课《认识岩石》

黄石市广场路小学　唐金华　詹家申

一、创设问题情境阶段

目标:充分调动学生的积极性,使学生对岩石产生探求兴趣,有兴趣探究下去。

组织形式:集中观看录像。

评价方法:师生互评。

过程:

(1) 导入:同学们,大自然有各种各样的岩石,五颜六色,五彩缤纷,漂亮极了。那么,你认识哪几种岩石呢? 你会制作岩石标本吗? 你还想知道关于岩石的哪些知识? 怎么样,感兴趣吗?

(2) 下面就先请看一段关于岩石的录像吧! 播放岩石的录像。

(3) 看了这些岩石你有什么要说的吗?

(4) 问题:

a. 你认识了哪些岩石? 它们有什么特点?

b. 你知道关于岩石的哪些知识?

二、自主探究阶段

目标:让学生用不同的方法实验出岩石的特性,找出识别岩石的方法,在这里主要培养学生的实验操作能力、实验观察能力、合作能力、探究问题的能力。

组织形式:学生分组进行实验。

评价方法:师生互评、小组互评。

过程:

好! 下面我们要做几个小实验,请你准备好了。不过做实验时请你一定要记住:安全第一哟!

第一步:观察。工具:放大镜。

用放大镜观察自己采回的岩石,看看岩石表面有什么特点。岩石的构造是怎样的。(块状、层状、还是片状?)

第二步:试一试。实验材料:盐酸、铁钉、滴管、锤子、铜钥匙。

(1) 用锤子、铁钉、铜钥匙敲打、刻划岩石看看它们的硬度怎样。

(2) 用滴管在岩石的表面上滴几滴盐酸，看看岩石表面有什么变化。

三、展示交流

目标：通过讨论交流得出岩石的特性，分析自己采回的岩石，归纳总结得出岩石的名称，并知道怎样制作岩石标本。在这里主要培养学生的分析、综合能力。

组织形式：分组进行。

评价方法：师生互评、小组互评。

过程：

(1) 每小组讨论整理实验结果，看看自己的小组研究出岩石的性质是怎样的。进行归纳总结。(2) 填写实验表格。(把研究出的岩石的各种性质分类填写在表中)

岩石编号	颜色	形状	软硬	滴盐酸后的变化
1				
2				
3				
4				
……				

根据自己实验得出的结论，查找有关岩石的资料，看你收集了哪几种岩石。请你们讨论之后写下来。

(2) 制作岩石标本。

现在，每小组把采回的岩石制作成岩石标本，可是怎么制作呢？现在请你们讨论一下岩石标本的制作步骤。

制作步骤是：

第一步：把岩石洗干净；第二步：把岩石砸成小块；第三步：把岩石贴上标明岩石名称的标签；第四步：把岩石装进盒子里。

四、反思

目标：让学生学习的知识进一步得到拓展，了解岩石的重要作用。

评价方法：师生互评。

过程：

其实，在众多星球中，地球是目前唯一适合生命存在的星球，我们人类居住的脚下，由一层厚厚的岩石圈构成，厚度达 60—80 千米，有的海洋盆地仅为 5—6 千米。岩石的种类繁多，颜色五彩缤纷，漂亮极了。有的岩石上有天然的花纹图案，人们把它用作装饰、建筑方面的材料。岩石在科学上是非常有价值的。你知道是怎么一回事吗？

(1) 日常生产生活中哪些地方用到了岩石呢？

（2）科学家能从岩石上古生物的遗迹（化石）中来推测地壳运动变化，你知道是怎么一回事吗？

（3）你知道"水滴石穿"的故事吗？这说明了什么？

（资料节选自中教网——课改：http://www.teachercn.com/Kcgg/Kgal/2006-1/9/20060119154748704.html）

这是一节以认识岩石为主的部分探究型的实验课，即教学过程按照探究模式设计、教师的讲述或演示与学生的自主探究活动相结合的探究型课程。教学程序分四个部分：创设情境——自主探究——解决问题——应用外延。整个教学过程围绕认识岩石的特性为重点，以分组实验、播放录像、教师指导等形式开展探究活动，培养学生自己动手、自己获取知识的能力。

三、实施的注意事项

第一，灵活运用探究学习模式。首先，要避免探究学习模式的僵化。探究实践中的提出假设、收集资料、开展实验、分析数据等基本环节也是探究学习的基本要素。这些要素使探究学习和教学有章可循，但它们并不构成严密的固定的模式。探究学习的开放性特点就体现在其灵活性上。例如探究的课题由当时当地学生学习的需要而定，探究的难度由学生的知识基础和能力水平而定，要因地制宜利用探究的资源环境，探究的过程主要是学生独立自主的学习活动，会出现很多不确定因素，要根据需要进行调整。所以，不考虑实际情况的套用则可能事倍功半。其次，要避免探究学习模式应用的泛化。探究学习虽然在基础理科课程改革中成为新课程的一个重要组成部分，受到广泛的关注，在部分文科课程上也得到尝试，然而探究学习不可能承担所有的教学和学习任务。没有灵活丰富的教学手段和策略，不考虑学习目标和学习内容，滥用探究学习模式会使教师精疲力竭，学生无所适从，学习效果大打折扣。最后，要避免探究学习模式的运用庸俗化。由于探究学习活动的准备需要投入很多的时间和精力，对教师的知识储备和应变能力有很高的要求，所以平时课上有的教师很少采用探究学习模式。而在公开课上，为了体现新课程的理念，创造活跃的课题气氛，探究学习成了多数教师的首选，这种探究学习不免有表演之嫌。综上所述，在教学实践中，我们既要注重发挥探究学习的功能和价值，又要避免将其僵化、泛化和庸俗化。

第二，注意从验证性探究学习向探索性、挑战性、开放性的探究学习转变。我们回顾本章案例导入中对水加热过程中温度变化规律的探究实验，教师规定好实施的步骤，纠正实施过程中的偏差和错误，学生之间没有互动，没有提出质疑或新想法的机会，可以说这是他主性探究而非自主性探究。教师设定好探究路线，一步步将实验结果引向课本上提供的已知的结论。长此以往，学生会认为探究的目的就是通过实验证明现有理论的正确。学生实施的是僵化的机械操作，学到的是固化的死知识。事实上，这种验证性的探究只是浅层次初级的探究，深层次的探究应该是探索性的、挑战性的、开放性的。探究学习的实质是学生知识的自主建构。探究活动必须能够激活学生已有的知识和经验，激发研究兴趣，调动深层思维。要让学生认识到针对一个问题可以有多个假设，探究的结果证明假设可能是正确的也可能是错误的。由于探究过程中允许学生自主设计和自由表达，会出现很多不确定因素，教师的知识和经验储备不可能有效应对学生探究活动中遇到的所有问题。所以，在探索性、挑战性、开放性的探究学习中，教师必须实现角色转变，由知识的传播者转变为平等的参与者，和学生一起学习和探索未知的奥秘。

　　第三，在组织探究学习过程中教师要把握好几个度。首先，要把握好教师指导的程度。探究学习强调学生的自主性，没有学生的积极性和主动性，就没有探究学习的生机和活力，学生就体验不到探究的乐趣，迷失探究的方向。但是这不等于教师可以轻松自在、袖手旁观。教师为体现学生主体而不敢指导或恐怕学生出错而过多干预，都是错误的。探究学习的典型特点就是教师不直接表达对问题的看法，不规定探究的方案，让学生自己动手动脑去发现和领悟。教师要把握好介入的时机，激发、维持和引导学生的探究活动。其次，要把握好探究活动设计的难度。杜威认为："教学的艺术，大部分在于使新问题的困难程度大到足以激发思想，小到加上新奇因素自然地带来的疑难，足以使学生得到一些富于启发性的立足点，从此产生有助于问题的解决的建议。"如果探究活动设计的难度太大，学生不得不依赖教师提供实施方案，很难提出自己的想法，学习困难的学生则可能糊里糊涂随大流。探究的问题如果太容易，无法激起学生探究的热情，学生会失去探究的兴趣。最后，要把握好探究学习模拟科学探究的精度。探究学习是对科学探究的模拟，二者既有区别又有联系。把科学探究的程序和方法引入教育领域，是教授科学知识、培养科学素养的需要。创造模拟的科学探究环境为学生未来处理相应的现实问题做好准备。但是，模拟的精度并不是越高越好，学生毕竟不是科学家，探究学习的目的是教育而不是解决科研问题。模拟的精度不仅受现实条件的限制，还要考虑学生的实际情况和学习目标。

第三节　新课程背景下探究学习法的案例实录与评析

　　探究学习是新课程倡导的重要学习方式之一，是各科课程标准的核心理念。探究学习被多数学者认为是理科课程的重要学习方式，注重培养学生科学态度、科学精神和科学探究的兴趣。然而探究学习的思想在人文科学领域也有着不可忽视的必要性和可行性。探究学习引入文科课程对于提高学生的思辨能力和人文素养有重要的意义。无论是文科还是理科，学习的过程都是不断完善、优化原有的认知结构，进行自我建构的过程。文科教学也要摆脱直接灌输知识的模式，引导学生自己观察、分析、讨论、发现，通过探究活动获得知识、培养能力。但是两者的探究规律不同，在教学实践中切不可不加考虑地一概而论。正如徐学福教授在讨论探究学习的学科文化品位时提到："科学文化和人文文化一样，都是通过学科共同体建构起来的，都要求讨论和争论，但是科学文化更追求结论的一致性和普遍性，而人文则追求多元诠释。"[1] 所以，在教学过程中一定要考虑学科特点，调整探究方法和策略。下面列举文理各一则案例供参考。

实例一　《抗日战争》教学设计

山东省阳谷县第二中学　齐立芬

一、阅读课文，探索感知

（一）情境导入，激发兴趣

　　［课件投影］通过前面的学习，我们了解到近代以来，中国落后于世界，"落后就要挨打"，列强不断侵略中国，中国屡战屡败。这些侵略中以日本对中国的侵略最严重，而最终的结果却是日本在投降书上签字。战争的硝烟已经散尽，但在我们脚下这块土地上，曾经发生过的最惨烈的战争，侵略者惨绝人寰的血腥屠杀，先烈们浴血抗战的惊天壮举……无论时光如何流转，都不应当被忘记。今天，就让我们一起来了解这场决定中国命运的著名战争——抗日战争。

　　（二）研读理解，了解历史

　　1.［课件投影］请阅读课本相关内容，思考从1931年到1945年8月，日本给中国人民带来了哪些苦难。从日本的军事侵略、日军的滔天罪行两个方面来思考，独立思考，自主回答。

---

[1]　徐学福.探究学习教学策略[M].北京：北京师范大学出版社，2010：26.

简要实录:同学们通过自主阅读课本,很容易掌握基础知识,能主动积极回答。为了强调日本侵华在中国犯下的滔天罪行,多媒体展示关于南京大屠杀、潘家峪惨案、"七三一"部队的历史照片,让学生从触目惊心的历史照片中了解历史的真相,收到爱国主义情感教育。同学们个个满脸愤慨。多媒体展示明确要点:

"九一八"事变 → "七七"事变 → 日军的滔天罪行 → $\begin{cases} 潘家峪惨案 \\ "七三一"部队 \end{cases}$

(中日民族矛盾上升)(全面侵华)

→ 南京大屠杀

2.[课件投影]请阅读课本相关内容,简述中国军民抗日斗争的主要史实,理解全民团结抗战的重要性。分别从国共两党开辟的正面、敌后两个战场抗战的主要史实来简述,应包括:抗战路线、实施情况、战果。独立思考后,组内合作交流,选出代表展示结论。

设计意图:引导学生通过研读课本后,简要整理所需要点,5分钟后许多同学举手发言,选了2名同学,分别代表国民党、共产党的战地记者,向其他同学简述了两个战场抗战的主要史实。第一名同学从国民党正面战场的片面抗战路线、四大会战中战士的英勇抗战及失利的战果介绍了主要抗战史实,同时注意了国民党军队远征缅甸的史实。第二名同学从共产党的全面抗战路线、游击战的实施、抗日根据地的建立及把敌人的后方变成抗日的前线的战果介绍了敌后战场的人民要抗战的史实,其他同学给予补充。声情并茂,课堂气氛很活跃。最后通过课件投影明确要点:

中国全民抗战 $\begin{cases} 国民政府正面战场的抗战:四大会战 \\ 国民政府开辟国外战场:远征缅甸 \\ 中共开辟敌后抗日根据地、组织百团大战等 \end{cases}$ $\left. \right\}$ 抗战的胜利 (1945年8月)

3.[课件投影]结合下列图片及课本相关内容,思考:抗日战争胜利在中国反抗外来侵略斗争中的历史地位。独立思考,自主回答问题。

图片:中英《南京条约》签字仪式;《马关条约》签订;《辛丑条约》签订;在南京中国陆军总司令部大礼堂举行的日军投降仪式。(略)

简要实录:同学们通过阅读课本,很容易得出结论,并踊跃发言,最后老师给予归纳强调。并通过课件投影展示结论,加深对基本知识的识记及理解。

历史地位（胜利意义）

国内意义：第一次取得反对帝国主义侵略的完全胜利

↓

增强了中国人民的民族自尊心和自信心

国际意义：是世界反法西斯战争的重要组成部分

↓

中国的国际地位得到提高

二、深化认识，启智悟道

（一）独立思考，分组讨论

[课件投影]有人认为，抗日战争时期国民党所组织的正面战场节节败退，丧失土地，因此，抗战的胜利跟国民党无关。你如何看待两个战场的作用？请同学们结合课本所学的知识先独立思考，然后分组讨论，得出结论后，选出代表展示成果。

简要实录：由于本次讨论以模拟法庭的形式展开，小组被分为：共产党、国民党、群众三个派别来讨论，大大调动了同学们的学习积极性。

[课件投影]两个战场是相互配合、相互依存的关系，都为抗日战争的胜利做出了重大的贡献。

（二）正确对待历史可以赢得朋友

[课件投影]请结合下列图片及所学知识，思考：六十多年后的今天，我们应该如何看待日本侵华这段历史和其欠下的累累血债？独立思考后，自由主动发表自己的见解。

图片：德国前总理施罗德的华沙之跪；日本前首相小泉拜"鬼"。（略）

简要实录：通过重新放映日军滔天罪行的历史照片，再次引起同学们的共鸣。最后，以胡锦涛总书记的讲话结束本课的学习。

[课件投影]前事不忘，后事之师。我们强调牢记历史并不是要延续仇恨，而

是要以史为鉴、面向未来。只有不忘过去、汲取教训，才能避免历史悲剧的重演。

三、学以致用，反馈达标

[课件投影] 单项选择题（请同学们独立思考，抢答下列题目）（略）

（资料节选自赵希强主编．探究性学习方式研究与实践（下）[M].济南：山东大学出版社，2009.）

这则教学案例的一个突出特点是独立思考与分组讨论相结合。一方面探究学习非常强调学生进行独立思考，在探究活动的各个阶段都要充分发挥学生的自主能动性和独立创造性。给予学生研读理解的时间，感悟表达的机会，是文科探究学习过程中不可缺少的环节。另一方面探究学习离不开合作交流。在独立思考的基础上进行分组讨论，"深化认知，启智悟道"。另一个特点是采取战地记者报道和模拟法庭讨论等形式创设探究情境，激发学生的学习兴趣；使用图片和视频配合课本内容，再现历史情境，使学生在体验感悟中受到爱国主义情感教育。需要指出的是，前文提到人文科学追求多元诠释，那么要正视历史，客观地评价历史，教师组织学生从各个角度认识这场战争。例如，让学生分别代表国民党和共产党的战地记者简述战争史实，又通过共产党、国民党、群众三个派别的讨论加深对这段战争史实的理解。总之，文科课程的特点决定了探究学习以体验、沟通、理解为主要手段。

实例二 "力的合成"的探究式教学设计

设计思想

《普通高中物理课程标准（实验）》提出："物理课程应促进学生自主学习，让学生积极参与，乐于探究，勇于实践，勤于思考……培养其科学探究能力。"本设计正式从日常生活中的问题入手，设置悬念，激活学生思维，引导他们发现并提出问题，经历提出问题，经历科学探究的全过程，获得体验，猜想并验证力的合成法则——平行四边形定则，并运用其解决课前设置的问题，从生活走向物理，从物理走向社会，提高学生的科学素养。

一、科学探究

引言：三加四等于七大家都知道，那么，若一个物体同时受到作用于其上同一点的 3N 和 4N 的力，从效果上看，是否相当于对物体施加了 7 个 N 的力呢？即三"加"四等于七吗？这两个问题有什么区别呢？经过本节课的探索大家就明白了。

（一）贴近生活，提出问题

大屏幕展示：①两个同学共提一桶水，两人手臂间夹角大些省力，还是小些省力？②河岸边两队纤夫正沿河两岸拉纤。③一条水平绷直的钢丝，杂技演员一站上去，钢丝变弯到一定程度……然后，引导学生了解合力与分力及其等效性、力的合成概念，并提出探讨的核心问题：合力与分力有什么关系呢？

说明：通过现象及问题的呈现，使学生感受到物理知识就在身边，产生对物理学的亲和感，萌发好奇心，激活思维，产生急于探究的冲动，这是科学探究活动自主顺利进行的良好开端。

（二）制定计划，设计实验

以两个共点合成为例，组织学生集体讨论，学生依据已有的知识、经验，自主思考，合作交流，主要解决以下问题（见表1）

表1

问题	学生方案
实验目的	探索合力大小方向与分力大小方向间的关系
合力与分力共同产生的效果相同，应怎样实现？	（1）使物体两次发生相同形变，选定物体为橡皮条。 （2）使物体发生相同状态变化。（以后讨论）
力的大小怎样知道？	用测力计测或借助相同质量的若干个小物体（如小钩码）的重力去拉。
力的方向如何确定？	记下力的作用线即可（橡皮条上拴细绳套）。
实验需要哪些器材？	各组所需器材不同，详见表2

说明：应引导学生围绕实验目的设计方案，明确待测量，选择器材，设计操作步骤。使学生体会解决此类问题的基本思路和方法，提高学生自主设计、制订方案的能力。

（三）分组实验，收集数据

根据学生设计的三种不同方案（见表2），分三个大组，每个大组又分若干个小组，进行操作、测量，学生设计表格，记录实验结果，教师应引导学生分工协作。

说明：三组设计大同小异，各有其优缺点，但具有互补性。对于学生设计方案的热情和信心及时给予鼓励，即使方案有缺陷或不完善，也绝不能简单地将其统一为某标准模式或方式，否则可能会挫伤学生的积极性和自信心。科学探究中应特别注意保护学生的求新、求异的创造热情。

（四）大胆猜测，谨慎验证

根据实验收集的数据，学生经过分析初步发现：力的合成并不是将两个力简单相加，合力可能比任何一个分力都小，合力的方向一般也与两个分力的方向不同。但要直观地发现它们满足平行四边形还很不容易，这时应引导学生以某组数据为例，在同一点分别做出两个分力及其合力的力的图示，鼓励学生科学探究需"大胆猜想，谨慎验证"，分析并猜想得到平行四边形定则，并用其他几组数据进行验证。

表2

分组	A组用弹簧秤拉橡皮条	B组用重物拉橡皮条	C组用力合成演示器
实验器材	橡皮条 细绳套(2个) 弹簧秤（2只） 图钉（若干） 白纸 方木板 刻度尺 量角器	橡皮条 细绳 小定滑轮(2个) 图钉（若干） 小钩码 木板 刻度尺 量角器	力的合成演示器（2152型） 刻度尺 量角器
主要步骤	1.组装装置 2.用两只弹簧秤同时互成角度拉橡皮条，使其伸长到0点，记下0点位置、两弹簧秤读数、力的方向。 3.只用一只弹簧秤拉橡皮条到0点，记下弹簧秤读数及力的方向。 4.改变条件，重复实验。	1.组装装置 2.拴两组重物跨过滑轮同时互成90°角拉橡皮条，使其伸长到A点，记下A点位置、两组重物的数量及力的方向。 3.换用另外一组重物拉到A点，记下重物数量及力的方向。 4.改变夹角为120°，两组重物数量相同，重复实验。	1.选择合成演示装置。 2.按照演示器说明书进行实验。 3.探索合力大小随夹角改变的规律。

说明：猜想尽管带有一定想象、推测成分，具有偶然性，但它是学生依据客

观事实和科学理论进行思辨的结果，是创造性思维的表现，也是科学家科学研究中产生的新的想法、新的发现途径之一。课堂上应结合多媒体动画，向学生形象展示，启迪学生思维，做出猜想并验证，使学生了解猜想在科学探究中的重要意义。

（五）交流评估，形成结论

在猜想得到验证的基础上，A、B、C三组同学间互相交流各自用不同方案得出的结果，概括总结出平行四边形定则，形成结论。然后分析各组实验设计及操作的优缺点，提出改进方法，进一步完善方案。在了解矢量与标量的区别后，明确平行四边形定则是一切矢量合成的普遍法则。

二、回归生活

引导学生思考课前大屏幕呈现的问题。先让学生自己运用所学知识认真思考，必要时小组讨论，协商解决，待学生基本完成后，利用多媒体动画，直观清晰地展示出力的合成知识在这些问题中的具体应用。解开这一组谜团后，可让学生思考：实际中物体往往受到多个共点力，怎样求多个共点力的合力呢？鼓励学生课后继续探究。

说明：通过学生间交流合作，培养集体协作意识，在交流中发现不足并完善方案，培养学生严谨求实的科学态度。在解决了一个问题后，又发现新的问题，使学生感受到科学探究过程就是在不断解决又不断提出问题的过程中逐步深入的。最后让学生带着问题离开课堂，为其进一步探究留下拓展的空间。

（资料来源：闫广钱．谈"力的合成"的探究式教学设计 [J]．物理教学探究，2004.）

该案例从实验设计到交流评估，放手给学生充分的自主探究空间。尽管学生的设计方案不同，各有优缺点，但最后殊途同归，明确了平行四边形定则是一切矢量合成的普遍法则。这体现了科学探究学习鼓励多元见解，但追求统一的、普遍化结论的规律。这个过程能否顺利有效地进行，教师的作用不可忽视。诚然，没有教师的引导，任由学生自主发挥会导致偏离教学目标、秩序混乱等问题。这里主要强调两点。第一，学生通过探究活动、体验学习获得的往往是表面的、零散的、肤浅的感性知识，要升华为本质的、系统的、深刻的理性知识，离不开学生的理性思维训练和教师的不断努力。该教学设计在每个步骤中都强调了教师的引导作用。从提出问题到交流评估，教师的侧面引导实际上都在对学生进行思维训练。到形成结论解开谜团阶段，教师则有必要针对所得结论进行系统的理性的介绍和拓展，以便帮助学生深化认识。探究学习绝不能完全排斥教师的讲授。第二，科学探究也要注意非理性因素的作用。非理性因素包括情感、意志、信念、习惯、潜意识等内在的意识形态，对主体认识过程中发挥着指向、诱导和调节等功能。该案例教学设计的说明中多次提示对学生亲和感、好奇心、积极性、自信心，求新、求异的创造热情以及猜想等非理性因素的重视。这些非理性因素虽然并非主导因素，但作为理性因素的补充，对于促进学生的探究学习的效果有着不可忽视的作用。

【相关链接】

1. 张逢成 . 探究式教学中的问题设计 [M]. 北京：中国矿业大学出版社，2011.

2. 徐学福 . 探究学习教学策略 [M]. 北京：北京师范大学出版社，2010.

3. 瞿晓峰 . 科学探究与探究学习 [M]. 长春：东北师范大学出版社，2008.

4. 吴子健 . 探究学习与教师行为改善 [M]. 上海：上海教育出版社，2007.

5. 郑青岳 . 科学探究学习 100 个问题 [M]. 杭州：浙江教育出版社，2007.

6. 温鲍姆 . 探究式教学实践指导 [M]. 北京：轻工业出版社，2006.

7. 任长松 . 探究式学习——学生知识的自主建构 [M]. 北京：教学科学出版社，2005.

8. 任长松 . 高中新课程与探究式学习 [M]. 天津：天津教育出版社，2005.

9. 刘儒德 . 探究式学习与课堂教学 [M]. 北京：人民教育出版社，2005.

10.靳玉乐.探究教学论[M].重庆:西南师范大学出版社,2001.

【要点回顾】

探究学习是指学生在教师积极合理的指导下,以问题为导向,通过各种形式完成认知、实现个体全面发展、提升科学素养、掌握科学研究方式所进行的学习活动。其实质是学生知识的自主建构。探究学习具有问题性、开放性、过程性、科学性、实践性、互动性与灵活性等特点。探究学习按照表现形式分为课题研究、综合课程中的探究;按照教师或学习材料指导的程度和学生自主探究的程度不同可分为定向探究和自由探究;按照所采用基本方法的不同可分为提问探究、讨论探究、实验探究和演示探究。探究学习有利于培养创新型人才,有利于转变教师的教学观念,建立民主平等的新型师生关系,有利于促进学生学习方式的转变和学生综合素质的培养,培养学生对社会的责任心和使命感。同时不可否认探究学习如果实施得不当有泛化和自由化的倾向。探究学习实施的必要性和可行性体现在其符合儿童的探索的天性,是时代发展和提高全民素质的要求。另外,信息技术的发展为探究学习提供了实施条件。具体的实施步骤可以概括为创设问题情境、进行探究实践、交流展示结果、评价拓展反思。在实施探究学习的过程中,要注意灵活运用探究学习模式,避免探究学习模式的僵化、泛化、庸俗化;注意从验证性探究学习向探索性、挑战性、开放性的探究学习转变;在组织探究学习过程中教师要把握好几个度,包括教师指导的程度,探究活动设计的难度以及探究学习模拟科学探究的精度。

【思考题】

1.名词解释:探究学习 定向探究 自由探究 提问探究 讨论探究 实验探究 演示探究

2. 新课程为什么提倡探究式学习?

3. 你认为实施探究学习的主要困难是什么?

4. 简述实施探究学习法的注意事项。

5. 比较分析本章第三节文理案例中实施的探究学习有何异同?